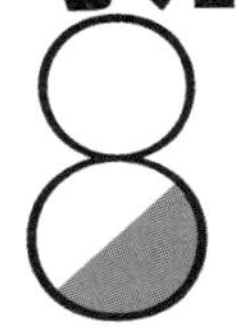

不可不学的
种心理育儿法

魏艳 著

清華大学出版社
北 京

图书在版编目（CIP）数据

新爸新妈不可不学的8种心理育儿法 / 魏艳著. —北京 ：清华大学出版社，2016
ISBN 978-7-302-44633-0

Ⅰ. ①新…　Ⅱ. ①魏…　Ⅲ. . ①儿童心理学②儿童教育—家庭教育
Ⅳ. ①B844. 1②G78

中国版本图书馆CIP数据核字（2016）第179429号

责任编辑：周　华
封面设计：李伯骥
责任校对：王荣静
责任印制：刘海龙

出版发行：清华大学出版社
网　　址：http：//www. tup. com. cn，http：//www. wqbook. com
地　　址：北京清华大学学研大厦A座　　邮　　编：100084
社 总 机：010-62770175　　邮　　购：010-62786544
投稿与读者服务：010-62776969，c-service@tup. tsinghua. edu. cn
质量反馈：010-62772015，zhiliang@tup. tsinghua. edu. cn
印 装 者：三河市金元印装有限公司
经　　销：全国新华书店
开　　本：160mm×230mm　　印　张：14　　字　数：227千字
版　　次：2016年9月第1版　　印　次：2016年9月第1次印刷
定　　价：39.00元

产品编号：068682-01

前言

健康的心理决定宝宝的一生

6 岁之前的宝宝很可爱，总是冷不丁地说出些令成人喷饭的话，无意间干出些让成人感到惊奇的事情。比如：小女孩会自己静静地坐在妈妈的化妆台前涂口红；男孩会拿起爸爸的电动剃须刀在脸上乱比画；当看见妈妈伤心的时候，他们会紧紧抱住妈妈，即使不是安慰却胜似安慰。

6 岁之前宝宝也很可气，他们会不断地向爸爸妈妈提出各种要求，一旦得不到满足，就会大哭大闹，躺在地上打滚，全然不顾大人的面子。在玩具商店里，妈妈拒绝了小女孩购买玩具的要求，她则一气之下把玩具摔在地上。

……

还没有搞清楚宝宝的心理发展问题，其他的问题也随之而来。比如，语言发展很快，但是思维发展较慢；他们做事情，想问题，总是以自我为中心。这是因为 3 岁以后的小孩身心发展都很快，每天都在发生变化，比如，语言、思维，对周围事物的认知，能力、社会交往技能等，一切的一切每天都在向前进步。

0～6 岁是宝宝成长的关键期，是身体成长发育的黄金期，是智力发育的重要阶段，在这个关键时期如果没有正确的教育，在以后的成长过程中，宝宝就会接连不断地出现一系列的问题。比如：很任性，不听话，独立性差，非常依赖父母；对自己感兴趣的事情积极性很高，对自己不感兴趣但是有社会意义的事情，则不那么愿意做；情绪还很不稳定，动辄大哭大闹；他们与小伙伴的关系也很不稳定等。这些问题都是这一阶段宝宝常出现的问题，正如我国的那句民谚“三岁看老，七岁看小”，意思是说，宝宝3岁时候的脾气禀性可以预测其老年时的心理、行为表现，而7岁时的行为特点则可以预测其在童年期时的行为特点。

这是我国人民集几千年的经验总结出来的一条规律民谚，同样也非常符合现在发展心理学的原理。奥地利著名心理学家弗洛伊德认为，3～6岁是儿童成长的一个动荡期。

弗洛伊德是十九世纪末二十世纪初，奥地利著名的心理学家，精神病医生及精神病分析学家。他在儿童心理研究方面贡献突出。在他的概念中，宝宝在3岁时会突然发生很大变化，有些变得非常不听话，固执、任性，有的则情绪突然变得很不稳定，在3～4岁的宝宝中，男孩的“恋母情结”和女孩的“恋父情结”会普遍加重。这些特征在此之前就不明显，在此之后也会慢慢消失，因此心理学界普遍把3岁左右称为一个关键时期。

对此，弗洛伊德把儿童个性发展划分为5个阶段，并认为宝宝在每个阶段都有获取心理快感的需求。

第1阶段0～1岁，口唇期：儿童从吃奶的吸吮中获得最大心理的满足；

第2阶段2～3岁，肛门期：儿童从大小便的排泄中获得最大心理的满足；

第3阶段3～6岁，性器期：这一阶段性器是儿童快乐和满足的主要来源。（男宝宝出现恋母情结，女宝宝出现恋父情结都是这个原因）这也是儿童成长过程中最为激动不安的时期，需要父母双方给宝宝更多的爱、引导。

第4阶段7～11岁，潜伏期：儿童将内心满足最大可能地投入到学校学习和大量运动、游戏中去。

第5阶段12岁以后，生殖期：开始建立友谊，谋求职业，求爱和结婚。

只有心理先得到了满足，宝宝的行为举止才可能被释放，换个角度讲，这一阶段宝宝呈现出来的所有问题都要从心理入手，解决其内心的需求。

宝宝的每一个行为都体现着自己的内心需求，而大多数父母在教育宝宝的时候只关注宝宝的行为本身，而忽略了这一动作背后的内心需求。这也是大多数父母为什么总是埋怨宝宝“不听话，不长记性”的主要原因所在。其实，问题不在于宝宝，而在于父母没有找到问题的关键所在。

本书从心理层面来揭开宝宝种种怪诞行为的神秘面纱，通过现象抓本质，让父母轻松看透宝宝背后的心理状态。

全书分为八个章节，总论总领全文，从奥地利著名心理学家弗洛伊德的观点谈起，重点阐述这一时期宝宝健康心理对日后成长的重要性，以及在心理活动的作用下，宝宝在智力、情绪、个性、行为方面表现出来的特征。第一章到第八章，分别具体地论述几种常见的心理：好奇心理、淘气心理、暴力心理、孤僻心理、撒谎心理、逆反心理、依赖心理、恐惧心理。

每一章节都结合了日常生活中的实际现象，通过实例及对实例的深度解析，帮读者清晰地了解宝宝行为背后的心理成因，以及科学的教养方法。

目录

第一章

单纯而不简单的好奇心：宝宝“求知欲望”开始萌生

6 岁之前，是小宝宝好奇心最强的一个阶段，小小的他们总会冷不丁地说出些令人喷饭的话，无意间干出些让人惊讶的举动。比如：小女孩会静静地坐在妈妈的化妆台前涂口红；男孩会拿起爸爸的剃须刀在脸上乱比画；当看见妈妈高兴时手舞足蹈、表现得很兴奋，当看到妈妈伤心的时候，则会紧紧抱住妈妈，即使不是安慰却胜似安慰。

总之，世间万物对他们都有着极大的吸引力，他们喜欢将一个又一个的奇怪问题抛给父母。遗憾的是，很多父母在面对这些问题时，无法给宝宝一个满意的答复，致使其刚刚燃起的好奇心瞬间被磨灭。

好奇心是宝宝萌发求知欲望的源泉，儿童心理学家经过长期的研究发现，好奇心是推动宝宝求知的重要力量，是打开知识之门的钥匙。因为好奇，宝宝就会不自觉地去接触、去探索丰富多彩的外部世界，这种接触和探索不仅丰富了宝宝的生活，还能使其获得有关外界事物的状态和性质的知识。

好奇心对于宝宝的成长，以及其知识的获得具有重大的意义。保护宝宝的好奇心，正确引导宝宝的好奇心，将会增加宝宝的求知、探索的欲望。我们做父母的应该认识到这一点，并以积极的态度、正确的方式去引导。

一、打破砂锅问到底——宝宝“探知”心理崭露头角

爱提问是宝宝崭露头角的表现，不管宝宝提出的问题多么幼稚可笑，父母都应该满腔热情地对待，以简单易懂的话去引导。

新爸新妈的烦恼

问题：宝宝为什么会变成“话篓子”？

刘女士的宝宝宁宁3岁，一天窗外狂风大作、电闪雷鸣，下起了雨，宁宁问，“妈妈，为什么刮风呀？”“妈妈，为什么下雨呀？”一会儿又问，“妈妈，为什么打雷呀？”“妈妈，为什么打闪呀？”刘女士不耐烦地说：“你为什么这么烦人呀？”宝宝瞬间消停了下来。

宝宝心理大探视

当宝宝长到3岁大时，你会发现他（她）简直就是个“话篓子”，时不时就会提出些令我们难以回答的问题。比如，“鱼离开水为什么会死去？”“西瓜籽吃到肚子里会不会发芽？”“爸爸为什么有胡子，而妈妈没有？”等。这些问题都是日常生活中最常见的现象，但似乎又很难去解释，当宝宝问出这些问题的时候不少父母还真为难了，因为无法给宝宝一个完美的答案。

随着年龄的增长，宝宝会对身边的人或物感到新鲜，最大的表现就是不断地提问。宝宝爱提问，应该是件高兴事，这表明宝宝已经具备了一定的观察能力，学会了思考。研究发现，保持一定的好奇心，才能够

持续产生旺盛的求知欲，进而从外界掌握更多的知识。反过来讲，这种欲望又会不断地激励宝宝去认知、去思考，促进其智力的发育。

3～6岁宝宝正处于“智力开发”的初级阶段，而提问正是宝宝求知欲望的萌发，好奇心驱使他们不断地去探索、去思考。作为父母，最重要的工作就是引导，引导宝宝学会正确地观察、思考、分析。同样，这些能力的形成会使得他们对外界的事物更有兴趣。

因此，父母在面对宝宝无穷无尽的“问题”时，不要或敷衍了事，或欺瞒哄骗。即便不能做出十分准确的回答，也不能表现得不耐烦，更不能以“你怎么会有这么多的问题？”“你怎么这么烦人啊”这样的话加以责备。

给新爸新妈的建议

爱提问，是宝宝探知心理发展需求的表现之一，在这个特定的年龄段每个宝宝都会如此，我们做父母的要尊重宝宝的这一特性，保护好宝宝的好奇心。具体来讲，可以从以下三个方面入手：

1. 积极对待宝宝的提问

爸爸妈妈正陪着3岁的齐齐在公园乘凉，头顶一架飞机飞过。她惊奇地跑过来，睁大眼睛问：“妈妈，天上的大鸟真奇怪，会不会掉下来？”

妈妈：“是啊，这只大鸟叫飞机，有人在里面驾驶所以不会掉下来。”

“那我能不能飞上去啊？”

“长大以后就可以了。”

面对齐齐看似“无聊”的问题，妈妈做得非常好，耐心地给予解答，即便宝宝听不明白，也从没表现出厌烦的情绪，这就是对待宝宝提问应该有的态度。和齐齐一样，很多宝宝都有了自己的想法，有了自己的疑惑，面对这些问题和疑惑，他们都喜欢求助于父母。在这种情况下，父母要用一个正确的态度来对待，不能拒绝、责备。

只有认真对待，才能激发宝宝继续发问的兴趣，久而久之，这种兴趣就会成为一种习惯，一种学习的动力。

2. 以问题为切入点，向宝宝讲解知识

3岁多的虎虎跟爸爸去动物园，看到正在进食的羊、狮子，便问："羊为什么吃草？老虎为什么要吃肉？"爸爸告诉他："因为老虎喜欢吃肉，而山羊喜欢吃草。"虎虎继续问："老虎能吃草吗？山羊是不是也可以吃肉？"

"当然不能了"。虎虎听后不再继续发问，似乎对这样的答案很满足。但爸爸却没有停止，而是继续要他观察，并给他讲解了吃肉的动物有什么特点，吃草的动物有什么特点。

在常人看来，这位爸爸的做法显得有些多余，事实上并非如此，作为父母要善于抓住沟通的要点。对于宝宝的问题，如果只是简单的一问一答并不利于宝宝对问题更深入的认识，也不能进一步激发宝宝的求知兴趣。正确的做法是，以问题为切入点，对问题进行延伸，向宝宝传授相关的知识。

很多时候宝宝的问题只是出于内心的好奇，缺乏目的性，如果想让这些好奇转化为一种思考问题的能力，就必须进行更深层的引导。

3. 不要让"答案"禁锢了宝宝

阳阳放学后，一见到妈妈就兴奋地问："老师说雪化了是春天，对吗？"妈妈一本正经地回答："不对，我告诉你吧——是水。"宝宝争辩道："老师说的就是春天。""那就是吧。"宝宝更加疑惑了。

阳阳妈的做法正是禁锢了宝宝的想象力，错就错在不懂得如何去回答宝宝的问题。很多时候，宝宝需要的不是一个教科书式的标准答案，而是希望得到积极的回应。当宝宝提问之后，父母的引导是有必要的，但不能禁锢宝宝的创造性。宝宝的问题本来就比较抽象，是没有一个固定答案的，这个时候，父母如果非要搜肠刮肚，一本正经地回答宝宝的所有问题，那么反而会适得其反。

健康叮咛

只有正确地引导，让宝宝多接触新事物、新现象，他们的好奇心才能得以满足，认知范围才能得到进一步的拓展。因此，父母要多引导宝宝，营造宽松的环境、鼓励宝宝积极提问，积极思考。

二、喜欢学父母说话——模仿是打开宝宝求知欲望的窗户

模仿是宝宝的一种学习方式，对于这种行为，父母应该给予鼓励；但是当宝宝出现不良模仿时，父母就应该及时制止。

新爸新妈的烦恼

问题：宝宝爱模仿是好还是坏？

王先生3岁大的宝宝成成，非常调皮，看到爸爸衣领上有一根线头，就低头去咬，同时还喊着“线头，咬，剪刀”。尽管说的不完整爸爸还是听懂了他的意思，是想用剪刀剪掉这根线头。王先生想，多么危险啊，3岁的宝宝怎么有这种想法呢？事后才知道，对“线头”的这种处理方法来自于妈妈，因为他经常看到妈妈缝衣服时使用剪刀，而且不时地用牙齿咬。

宝宝心理大窥视

对于成成的“模仿”行为，爸爸妈妈感到非常高兴。同时又为他的做法感到诧异。像成成这样的宝宝正处在学习、成长的关键时期，模仿性强，可塑性也很强，习惯了一种行为或动作，很快就能模仿出来。

模仿是宝宝进行学习的一个阶梯，父母如果把握得好，给予适当地引导，宝宝会收获更多。相反，如果引导不当或者忽略，就会错过一段最佳的学习时期，甚至对宝宝将来的成长产生负面的影响。

模仿是每个宝宝天生就具有的一种能力，通过模仿周围的人和事，可以增加对外界事物的了解，学到更多的知识技能。而对于3～6岁的

宝宝来讲，其模仿则更具有特点，受好奇心驱使，常常是看见别人说什么就想说什么；看见他人做什么也想做什么。

值得注意的是，这时父母本身成了宝宝最直接的模仿对象，宝宝对待周围人的方式也是效仿父母而学到的，比如，有的宝宝喜欢学大人说话。从这一点看，父母必须时刻留意自己的言行举止，拿出最好的行为示范给宝宝。当宝宝做了这些好的行为时，父母要给予一定的鼓励。

给新爸新妈的建议

随着年龄的增长，接触事物范围的扩大，宝宝的模仿行为不再仅限于父母身上，自然界的动植物、影视剧中的人物都是模仿对象。模仿对象多了，由此带来的问题也会逐渐增多。这主要是因为宝宝心理很不成熟，辨别是非能力低，往往分辨不清哪些行为值得模仿，哪些行为不值得模仿。模仿得好，对他们的成长和学习会带来很大益处，模仿不当，则会给他们带来坏处，甚至带来危害。

父母要支持宝宝好的模仿行为，并给予表扬和奖励；对于宝宝的不良模仿行为，要坚决制止，否则，会导致宝宝正确模仿意识的丧失，进而产生一些不良的心理。

1. 积极鼓励宝宝进行模仿

端端看到爸爸用手机打电话，立即来了兴趣，不等爸爸打完电话就抢了过来。放在耳边学着爸爸的样子，一边走一边说，“喂！……你好……”叽里咕噜不知说了些啥，谁都没听清楚，但最后两个字非常清楚“再见”！看到宝宝模仿得有板有眼，爸爸很高兴，第二天就买了一部玩具电话，端端果然爱不释手，沉浸在玩的乐趣当中。

小宝宝绝大部分的学习都是来源于模仿，只有有了一定的模仿能力，才可能把看到的、听到的转化为自己的东西。所以，当宝宝学会模仿一种行为后，父母应该及时奖励一下，并且在必要时提供帮助。比如，给宝宝一些有助于模仿的玩具，给宝宝的模仿行为提供良好的环境等。这样，父母的鼓励便成了宝宝努力的一种激励，久而久之，宝宝就会逐渐地独立起来了。

2. 引导宝宝良性的模仿行为

窗前挂着一个风铃，稍微有风吹动就会发出优美的声音。菁菁非常喜欢听，而且喜欢学着发出同样的声音。有时候风铃不响的时候，菁菁又想听风铃声，就拉来一把小椅子，站在上面伸手去够。妈妈看到了这一幕吓得心惊肉跳，严厉批评了她。此后，风铃就挂在了宝宝伸手可及的地方，随时可以够到。

宝宝的模仿行为常常会有一些超出本身的支配范围，有的行为非常危险。这时，父母一定要告诉宝宝，让宝宝知道什么行为可以模仿，什么行为不可以模仿。对于一些有危险的行为要坚决去制止。与此同时，父母要给宝宝创造有利的条件，引导宝宝的模仿行为走向有利的方向。比如，专供宝宝使用的小书包、小电话，宝宝专用的小水杯、小厨具等，这些都有利于宝宝身心健康的发展。

3. 冷却法杜绝宝宝不良行为

畅畅不知道何时学会了抽烟，平时用筷子去模仿，或者吸管之类的东西，就放到嘴巴前，还配合着吸气动作，那“抽烟”的神态非常逼真。爸爸意识到这种做法不能鼓励，于是，再次看到畅畅学“抽烟”时就故意把脸别开，大声地说：“畅畅‘抽烟’不是好宝宝！爸爸妈妈不看不看！”渐渐地，宝宝觉得自己的行为得不到肯定、欣赏，于是就少了。

对于宝宝的模仿，父母如果一味地纵容就会铸成大错。有的不良模仿行为一旦成了习惯，就难以纠正，到了那时后悔可能就有点迟了。如果你希望宝宝总是把“谢谢”和“请”挂在嘴边，那么你必须自己先这样做，自己经常说这些礼貌用语才行。

宝宝是父母的一面镜子，精准地反映着父母的品质，也许有一天你无意识脱口而出的一句话，过几天，就能猛然听见宝宝也在反复说。因此，父母需要格外注意自己的言行。

三、宝宝爱“抢话头”——对感兴趣话题急于表达的愿望

很多父母讨厌宝宝抢话，其实这是好的征兆，宝宝抢话说明他对话题感兴趣。若能满足宝宝的这种表达愿望，有利于充分激发其正在发展的表达潜力。

新爸新妈的烦恼：

问题：宝宝为什么爱打断别人讲话？

米女士的宝宝剑剑4岁，嘴巴特别甜，爱说话，很讨人喜欢。一天家里来了客人，米女士正在与客人聊天，剑剑总想插嘴，一会儿过来说说这个，一会儿过来说说那个。

米女士跟他说：“宝宝，妈妈在和阿姨聊天，你自己玩一会儿吧。”

可剑剑依然吵个不停，闹得所有人都非常尴尬，米女士只得埋怨宝宝没礼貌。

宝宝心理大窥视

打断别人的话，在成人看来是极其不礼貌的行为，但站在宝宝角度来考虑这个问题，则未必是坏事。因为插话、抢话正是宝宝好奇心的一种体现，这个年龄段的宝宝好奇心促使他们对任何事情都充满了兴趣，想插话正是对你谈论的话题感兴趣的表现。一般来说，宝宝急于参与你的话题时，肯定是听到了自己感兴趣的话。

例子中这位妈妈米女士可能没有意识到，宝宝的这种行为正是身心

发展的需要。从这点来看，“抢话”并不是宝宝故意去破坏你的谈话，他只是想表达心中的想法。只不过，他不像成人一样能控制自己，无法选择合适的插话时机而已。

因此，如果你发现自己的宝宝有参与谈话意愿，千万不要阻止，这说明他一定是遇到了自己感兴趣的话题，并且想在第一时间去表达，去与你交流。

通常在以下 5 种情境下，宝宝容易抢父母话：

宝宝容易抢话说的情景	
1	当宝宝对你的话感兴趣，或者感到好奇时；
2	当宝宝心中对你的谈话有疑问，并迫不及待地想得到解决时；
3	当宝宝对你的谈话似懂非懂，产生“共鸣”时；
4	当宝宝急于想“表现”自己，讲一讲自己的“看法”时；
5	当宝宝尝试着做某件事遇到了困难，急于求得帮助时。

给新爸新妈的建议

宝宝“抢话”恰恰表明宝宝的表达欲望正在发展和完善，表明宝宝已经能跟得上大人的谈话节奏和思维。所以，当遇到宝宝“抢话说”时，父母不要盲目地认为这是宝宝在捣乱，而是要站在宝宝的角度体察宝宝的心理。然后，针对不同的情况采用相应的方式引导宝宝，一般来讲需要注意以下三点：

1. 给宝宝充分的表达机会

张清雅夫妇正在谈论同学聚会的事情，5 岁的宝宝珂珂突然凑上来，不由分说讲起了幼儿园跳皮筋的事，而且不允许爸爸妈妈插嘴。爸爸妈妈看到宝宝兴奋的样子，也没有去打断，而是饶有兴趣地倾听，目的是给她更多的表现机会。

宝宝在急于想表达自己的观点和意见时，往往是直接去打断别人来获取说话的机会。这时，父母不妨给宝宝一个“表达”的机会，让宝宝参与到谈话中来。这不但能满足宝宝的“表现欲”，还能在很大程度上鼓励宝宝勇于表达自己的观点。从长远来看，非常有利于宝宝表达能力、思考能力的提高。

2. 同时要教给宝宝插话的时机

李女士发现4岁的宝宝炎炎插话进来，便以同样的方式打断了宝宝的谈话。炎炎当即不高兴了，开始责怪起妈妈来。这时，李女士说："宝宝，你是不是不喜欢妈妈打断你啊?"炎炎点点头，"那同样妈妈在说话时也不喜欢你的打断，妈妈会不高兴的。"这样的一番话，宝宝似乎懂得了什么。

父母要告诉宝宝，在他人说话时可以表达自己的观点，但不要随便插话。正如例子中的这位妈妈，通过换位思考的方式让宝宝懂得了不要随便打断别人的话。这是一种表达技巧，也是对对方的尊重。值得注意的是，要求宝宝做到的，自己首先要做到、做好，以自身言行去影响宝宝。

3. 教给宝宝礼貌插话

玲玲今年5岁了，伶牙俐齿，无论是在家里，还是在学校总是爱跟大人抢话说。但是她是一个特别懂事的宝宝，每次在说话之前都会礼貌地说，"对不起，我打断一下。"一次，老师正在讲一个关于海豚的故事，当她对"海豚能听懂人说话"感到疑问时，便急不可耐地打断了老师的话。但是由于在打断之前礼貌地说了句："老师，我可以打断一下吗?"老师反而鼓励了她。

打断别人说话，本身是一种不礼貌的行为，在有必要打断时，要让宝宝知道什么时候可以，什么时候不可以。所以，父母要教给宝宝哪些话必须要说，哪些话可以等一下再说，分清事情的轻重缓急。让宝宝知道，着急的事情有必要打断别人的话，不着急的事情可以等对方把话讲完再说。有必要打断他人讲话时要尽可能征得对方的同意，礼貌地对对方说声"抱歉"，或"对不起"之类的话。

健康叮咛

宝宝喜欢插话抢话，是思维活跃、反应敏捷的表现，说明他能跟上成人的说话节奏，理解父母的讲话内容，值得鼓励。但是在具体的做法上，父母还要注意方式方法，不要让宝宝养成随便打断别人谈话的坏习惯。

四、反复地玩电灯、电视开关——对周围陌生环境的熟悉过程

随着宝宝“探索”范围的进一步扩大，他们容易对电灯、电视遥控器等便于操作的东西产生兴趣。这是他们熟悉周围环境的一个过程。作为父母应当合理地引导而不是粗暴制止。

新爸新妈的烦恼

问题：宝宝为什么会迷恋上开关？

裘女士的宝宝嘉嘉 3 岁零 5 个月，活泼可爱，但有些调皮，曾经一段时间迷恋上开关。电灯开关、电视遥控器、空调遥控器等都成了他的钟爱之物。稍不注意，就踩着沙发，爬上凳子、椅子去摁电灯开关。

开关基本上都与电有关，裘女士非常担心，生怕有什么危险，于是每当宝宝玩得尽兴时就尽力阻止，威胁警告，可这对淘气的嘉嘉一点儿用都没有，这可难坏了裘女士。

宝宝心理大窥视

例子中裘女士这种情况，相信很多父母也同样遇到过，宝宝迷恋开关之时就是父母的“噩梦”开始之时，每天处于担忧之中。为此，有的父母因气恼动手打宝宝，不过，提醒一下各位父母，宝宝淘气归淘气，自己千万别动气。如果你是一个细心人，可以从中看到宝宝的进步。

宝宝通过触摸自己喜欢的东西，来感受对方，来探索周围的环境。这说明宝宝的探索欲望在进一步增强。随着宝宝的成长，他们的认知能

力越来越强，探索能力也进一步发展。把家当“游乐场”，玩具、桌椅，只要是能看得到的东西，没有不感兴趣的。一开始可能只玩些眼前放着的、处于比较明显位置的物品，而后活动区域变得越来越大，接触的东西也就越来越多，他们不再满足眼前的这些东西，墙上的开关、墙角的抽屉、门后的推拉锁等隐形的物品也开始成为他们玩耍的对象。

这是宝宝的好奇心开始变强的缘故，对于未知的东西，他们更愿意用自己的小手去摸索。尤其是处于运动中、变化着的东西，他们更感兴趣。一开一关的电灯开关更容易吸引他们，令他们兴奋，所以，才会不断地、重复地去摁，目的在于体验这种新奇。如果你意识到宝宝玩某个物品较危险的话，可以用其他物品来代替，并引导宝宝认识危险，远离危险，但不可扼杀宝宝动手动脑的积极性。

给新爸新妈的建议

对于宝宝迷恋开关，其中潜在危险隐患不可忽视，那么父母应该如何在满足宝宝好奇心的同时，保证他们的安全呢？有以下三种做法，可以供广大父母参考：

1. 完全屏蔽法——让宝宝永远看不到

杨女士的泽泽今年5岁，每次看到父母开灯关灯都要抢着去摁几下，再加上客厅中几个电灯开关离地面都比较近，很容易就可触摸到。为了宝宝的安全，杨女士想了一个巧妙的办法，即用带有漂亮图案的罩子把开关罩起来，这样既美观，又能避免宝宝直接接触。

俗话说，“眼不见心为净”，减少宝宝触摸开关最直接的办法就是让宝宝无法看到这个东西。只要宝宝长时间看不到，触摸的欲望就会大大减弱。比如，父母让宝宝的玩耍区域远离开关，或者用贴画把开关围起来，把开关设置的高一点等，总之不要让宝宝看到即可。

2. 用其他玩具代替，分散宝宝注意力

4岁的灵灵是个小女孩，可同样迷恋上了开关，没事的时候就爱用小手去拨弄几下，妈妈为此责备了她好几次可仍不见效。一天，爸爸给她玩了会儿手电，有开关，有灯光，小灵灵一下就喜欢上这个玩具，并放弃了电灯开关。

例子中这位爸爸用一只小手电就完全“收买”了宝宝的心，足够让

她对电灯开关失去兴趣。宝宝迷恋开关正是喜欢上了由自己动手带来的快感，灯一明一灭令宝宝兴奋不已。其实，宝宝迷恋的不是某一种玩具，而是这种玩具带来的感受，很多时候只要以类似的玩具来代替，就能以假乱真，蒙混过关。因此，父母可以给宝宝准备一些带开关、会发光的玩具，转移宝宝的注意力。

3. 因势利导，利用知识引导宝宝兴趣

4岁的峰峰正在摁墙上的开关，或明或暗的灯光令全家人有些生气，妈妈没有直接批评他，而是蹲下来问：“为什么摁了开关，灯就会亮呢？”

宝宝回答“好玩。”

“你知道，是什么让灯发亮吗？”

“不知道。”

“那妈妈给你讲讲好不好？”

“可以。”

就这样，妈妈带着峰峰离开，在一旁给他讲起了电的知识。

玩，要有目的去玩，在宝宝玩的过程中，父母趁机给宝宝讲解一些相关的知识，可以更大程度上转移宝宝的注意力。这适合于任何玩的时候，具体到玩开关还多了一层含义，即引导宝宝远离危险。

一方面可以增长知识；另一方面可以满足宝宝的好奇心，对于他们迷恋开关也是一种很好的缓冲，何乐而不为呢？

健康叮咛

宝宝特别痴迷于某一类事物，是成长过程中表现出来的又一大特征，面对宝宝的这种行为父母不能因为其“贪玩”而盲目斥责。正确的做法是用足够的耐心、宽容去理解他们，缓解他们对某一事物的过度依赖。

五、宝宝爱说“脏话”——好奇心上挥之不去的“污点”

当宝宝在说脏话的时候，其实并不知道脏话的含义，只是好奇心在作怪。但是父母如不及时制止，这些脏话可能在宝宝的潜意识里生根发芽。

新爸新妈的烦恼

问题：宝宝说脏话跟谁学的？

凯凯4岁了，是父母眼中非常乖的宝宝，一天，在与小朋友玩耍时连说几个“傻瓜”等不文明的词，妈妈尹女士非常惊诧，立即提醒了他，可凯凯仍没有意识到这个问题，甚至越说越高兴。尹女士第一次严厉批评了凯凯，从没看过妈妈发如此大脾气的宝宝瞬间变得不高兴起来。爷爷奶奶听见凯凯哭起来，赶忙过来哄着，尹女士很无奈。

宝宝心理大窥视

现实生活中，像凯凯这样的宝宝不在少数，说脏话似乎很顺口，想说什么就说什么，想怎么说就怎么说。那么，这些脏话从哪学来的呢？最主要在于家庭环境、外在环境的影响，比如，父母，身边亲近的人。我们都知道，这一阶段的宝宝正处于语言快速发展时期，他们对语言的学习和记忆能力非常强。而对于宝宝来讲，他们对外来信息的接受不会有选择性，因此很多不好的话也一并“拿”过来。

在这种情况下，父母如果立即制止或者打骂，反而会令宝宝有些不知所措，他们会想当然地认为自己没有错，严重的话还会有逆反心理，变本加厉，以示反抗。

对于大一点的宝宝来讲，比如说 5 岁以后，已经具备一定的思考能力，他们已经懂得有些脏话的意义。这类宝宝说脏话更多的是一种内心的表达。至于为什么这样做，可能是一种不满，是一种好奇心，他们是有意识地针对某人。因此，对于这一阶段的宝宝说脏话行为则不能纵容，应坚决杜绝他们的这种习惯。

给新爸新妈的建议

受外在环境因素的影响，宝宝自身自制力差是脏话频出的主要原因，作为父母有必要为宝宝把好关。当发现宝宝尝试说出第一个脏字时，父母就要想办法去制止。那么，如何来制止呢？可以从以下三个方面做起。

1. 积极引导，助宝宝养成文明讲话的习惯

甜甜 5 岁，一不小心说了一句脏话，爸爸立即严肃地告诉她：“宝宝，我们不能说脏话，说脏话不是好宝宝。”但宝宝并没有因此而停止，反而一而再再而三地说，这时爸爸更加“严厉”，一巴掌直接打在了宝宝的脸上。

甜甜爸的做法对宝宝肯定是没有任何作用的，甚至有可能刺激宝宝的逆反心理。宝宝能否改掉说脏话的坏习惯，与父母的引导息息相关。引导得正确，就容易帮助宝宝戒掉这种坏习惯。当宝宝礼貌说话时就要鼓励他们，这样他就会在下次类似的场景中再次使用这个词。反之，如果宝宝第一次冒出脏字，你却一副无所谓的样子，那么相当于默认宝宝这么做，那么，下次遇到这种情况他仍然会说这些脏字。

2. 冷处理，让宝宝觉得索然无味

6 岁的浩浩爱对听到、看到的事情发表自己的看法，一次妈妈带他上街，看到一个人吃完香蕉将香蕉皮随手扔在地上。浩浩略带气愤地说：“妈的，乱扔垃圾！”周围的人侧目而视，妈妈却脸带笑容地说：“浩浩，怎么能在街上骂人？”浩浩理直气壮：“这种混蛋，就该骂。”妈妈无言以对。

浩浩妈本想批评宝宝，但“笑着的脸”却鼓励了宝宝，表面上是批

评实际却鼓励宝宝，这样本末倒置的做法，我想很多父母都遇到过。其实，对于类似浩浩这种宝宝来讲，“冷处理”是一种非常好的方法。因为很多时候宝宝说脏话就是为了引起父母的注意，获得父母的更多关注。但如果你断了宝宝的这种念头就会让他感到索然无味，以后就不会再采用这种方式吸引你的注意力了。

正确的做法是，既不要开心大笑，也不要严厉斥责，开心大笑意味着认同，斥责意味着反对，遇到性格倔强的宝宝反而会刺激他们继续说的欲望。而不动声色，不加理睬，让他觉得这个词毫无意义，重复几次这样的冷淡场景，宝宝自然就会觉得无趣了。

3. 以身作则，让宝宝远离脏话源

朱先生的宝宝米米今年3岁，一天，他正在客厅里打电话，宝宝则在地上摇摇晃晃玩电动小狗。朱先生不小心踩翻了宝宝小狗，米米不满地打了爸爸的腿一下，嘴里冒出两个字：“傻×。”朱先生愣了，问道：“你说什么？”小家伙清晰地重述：“爸爸傻×。”此时，他才恍然大悟，原来自己在与朋友电话聊天时经常说这个词。

宝宝在语言上学习天赋很早就表现出来了，而他们的学习对象最重要的就是身边父母。如果他从父母身上得到的是正面的信息，就容易形成讲话礼貌的习惯，反之，很有可能学到脏话。所以，净化家庭语言环境很重要，父母要坚决杜绝在宝宝面前说脏话。自己戒脏字脏话，某种程度上就断了宝宝学习脏话的途径。

发现宝宝脏话骂人，一定要让他明白这些行为造成的后果，诸如，“说脏话是对他人的不尊重，你不尊重别人，别人也不会尊重你”“同学、伙伴都会远离你”，把说脏话上升到一个做人原则的高度，目的就是让宝宝明白说脏话的严重性。

六、“超人”会来帮助我们的——宝宝的想象空间无限大

宝宝的知识、经验都要远远少于成人，但他们有着积极丰富的想象力。而最容易启发宝宝想象力的莫过于动漫人物。

新爸新妈的烦恼

问题： 宝宝为什么爱把动漫人物“搬”到现实来？

刘先生夫妇开车带着5岁的宝宝彬彬到郊外游玩，车行至高速公路时没油了。随着车慢慢停下来，爸爸懊恼地埋怨。彬彬听后突然冒出一句：“不要着急，奥特曼会给我们送过来的！”原来他正在专心致志地玩着奥特曼玩具！

听到宝宝幼稚的话，爸爸苦笑，妈妈担心，相互对视摇摇头：“宝宝天天把‘奥特曼’挂在嘴边，这会不会有什么负面影响啊？”

宝宝心理大窥视

这个年龄段像彬彬这样的宝宝并不少见，父母们一方面为宝宝丰富的想象力感到高兴；另一方面也为其过度迷恋动漫担忧不已。动漫人物对宝宝的影响是十分大的，久而久之会使宝宝完全陷入这种虚无缥缈的“幻想”中，以至于对某个人物产生严重的依赖。

那么，为什么宝宝会对动漫人物产生如此大依赖呢？根据研究发现，主要有两个原因：一是宝宝平时接触到的能够促发其想象的素材过于单一，而宝宝的想象空间却是无限的，在有限的认知里容易形成无限

的想象；二是，动漫书籍，影视剧之类的通俗易懂、幽默有趣，容易被宝宝记住。宝宝想象的源泉最终还是来自他看到的、听到的，而风趣幽默的动漫人物最容易在宝宝的头脑中留下深刻影响。

给新爸新妈的建议

据此，宝宝过度依赖“动漫人物”的言行是可以控制的，我认为，父母同样需要从两点做起：一是丰富宝宝所处的生活空间；二是正确地引导。

想象力比知识更重要，而动漫影视剧为宝宝想象力的形成提供了不可或缺的生活素材。所以，父母必须重视培养宝宝对动漫人物的适度钟爱。只要父母善于控制，反而有利于宝宝的成长。比如，激发宝宝的想象力，锻炼宝宝的思维。那么，如何通过动漫人物来保护，并激发宝宝的想象力呢？需要按照以下三点来做：

1. 丰富宝宝的生活，减少对动画片的依赖

逗逗是个4岁的痴情男孩，非常迷恋各种动画片，一头扎进去就出不来。为了缓解这种情况，妈妈为他安排了多项活动，学游泳，学画画，这些都成了逗逗喜欢的事情，他对每个项目都会很投入。一段时间以后，逗逗再也不会像以前那样宅在屋里看电视了。

为宝宝安排一些他感兴趣的事情，或者带宝宝去户外郊游，可以很大程度上分散他们对动画片的依赖，宝宝在丰富有趣的成长过程中自然会慢慢淡忘动画片。同时这也是丰富宝宝生活，增长宝宝阅历，培养宝宝兴趣爱好的最有效方式。

2. 多多陪陪宝宝，转移对动画片的注意力

晴晴每天定时都要看动画片，一天，妈妈神秘地对她说：“晴晴，妈妈今天给你买了本新的故事书，咱们讲啊！”晴晴高兴极了，妈妈说：“那你举着，妈妈给你讲吧。”晴晴很愉快地答应了。妈妈讲着讲着，晴晴不知不觉睡着了。

当宝宝要求看电视时，妈妈可以去制止，然后做一些其他事情来代替。比说，像晴晴妈妈一样讲故事，或者陪宝宝玩游戏等，总之，你要花一定的时间来陪宝宝，你的关心会转移宝宝的注意力，让他们在不知不觉中淡化对电视的依赖。

3. 正面引导，适当控制

一部《喜羊羊与灰太狼》吸引了大多数宝宝的兴趣，一到了播出的时间辉辉就坐在沙发上静静等待。更可怕的是，多个频道、不同时段播放，从而使得宝宝一整天都吵着看。正当辉辉再次要求看时，妈妈到他耳边轻声说：“长时间看电视对眼睛不好。”宝宝很快离开了沙发。

妈妈通过正面语言说教让宝宝终止了看电视的行为。3～6 岁的宝宝已经能很好地领会某些话的意思，父母可以严肃地告诉宝宝这样做不好。可以让他和比他小的宝宝相比较，通常来讲他们都会认识到自己的错误，主动改正。如果有必要还可以让其他人协助自己，这样宝宝更能深刻感觉到自己的举动是极其错误的。

宝宝“迷恋”动漫人物并不可怕，可怕的是父母不会去引导，让宝宝知道哪些是可以做的，哪些是不可以做的。在具体的方法上要讲究技巧性，循序渐进，逐步去影响宝宝的内心，以免对宝宝造成更大的负面影响。

七、拆卸玩具——拆掉的是玩具，重组的是大脑

一些动手能力比较强的宝宝，总喜欢把玩具拆得七零八碎，在大人眼里这就是破坏，其实，这种所谓的破坏正是宝宝的一种探索行为。

新爸新妈的烦恼

问题：宝宝为什么要把好端端的玩具拆卸开来？

张先生的宝宝涛涛3岁，最喜欢各种车辆，出于对宝宝的爱，他给儿子买了各式各样的汽车玩具。可没过几天，好端端的玩具就被拆得七零八落，要么轮子丢了，要么车灯不亮了……无奈之下，张先生只得重新买新的。

作为父亲，当然不会吝惜这点花费，但面对宝宝的破坏行为，张先生也是毫无办法，尤其是宝妈吴女士有时候看不过去，每次都要责备一番。

为了制止宝宝的这种行为，夫妇两人想尽了各种办法，或说服教育，或现场“监督”，或限制玩的时间，有时甚至会动手打宝宝。但无论采用什么方式，都无法阻止宝宝对玩具的破坏。

宝宝心理大窥视

打开宝宝的玩具箱，你会发现，想找出一件完好无损的玩具几乎是不可能的事情。好端端的玩具被宝宝无情“肢解”，很多父母看着不免

有些心疼。那么，宝宝该不该拆卸玩具呢，以及为什么会破坏玩具呢？

首先，我要肯定第一个问题，宝宝这么做是没错的，对于宝宝来讲，破坏也是一种玩的方式，而且是这个年龄显著的表现。有关研究发现，宝宝的破坏力恰恰来源于他的创造力，这就不能叫破坏，而是一种探索，正是因为敢于“破坏”的精神，才可能激发出其潜在的创造力。

宝宝“破坏”的后面往往隐藏着强烈的求知探索欲、好奇心，这种欲望和好奇心促使他们动手去拆，去探索里面的“奥秘”，只不过他们心智不完全成熟，往往只是破坏者，对拆卸开来的东西无法再安装回去。

宝宝总是在用自己的方式做事情，玩也一样，“破坏”正是他们玩的独特性。在成人看来是在搞破坏，在宝宝看来则是一种探索和学习。因此，父母千万不可主观认为，宝宝是在刻意搞破坏，或者宣泄什么不满。

给新爸新妈的建议

宝宝破坏玩具的这种“行为”，如果能得到良好的激发和培养，往往能养成动手、动脑、善问、多思的好习惯。还非常有利于宝宝在将来的工作和学习中锻炼出更富有创造力的大脑。

理解了宝宝的玩耍方式，父母们就应该清晰地认识到要给宝宝正确的引导，甚至要去帮助他们完成这项“破坏”工作，否则宝宝的“玩”也就失去了原本的意义。

1. 多给宝宝准备些易拆卸的玩具，引导宝宝良性破坏

当李女士发现3岁的宝宝岩岩特别喜欢拆卸玩具时，就特意为他买了一些容易拆卸的玩具供他玩耍。比如，镶嵌板、拼图、套盒、套塔、图片、图书等。小家伙果然欢喜得不得了，经常一玩就是二三十分钟，特别专注。同时，还变得异常安静，那个顽皮捣蛋的岩岩再也不见了。

玩具有很多奥秘，当宝宝开始对“破坏”感兴趣时，必然是受好奇心驱使，父母应该支持，顺应宝宝的这些心理需求，鼓励他们的求知欲和探索精神。适时地给他们提供一些便利条件，比如，给他们买一些具有创造性的玩具，陪宝宝做一些小手工，或者小实验等，让宝宝尽情地玩耍。

当宝宝大一点时，还可以给宝宝准备一些拆卸工具，如小钳子、小螺丝刀等，教会宝宝自己拆装。有的比较复杂的玩具，打开了又难以还原的，也要给宝宝讲清道理。经过这样的良性引导，相信宝宝会更有创造力。

2. 引导宝宝创造性地玩，让宝宝自由发挥

涛涛说："火车为什么不能跑了？"

爸爸就会告诉他："那是因为火车缺少了轮子，轮子在哪里呢？"

涛涛说："飞机上也有轮子，给火车用吧！"

在爸爸的帮助下，涛涛把飞机上的轮子装到了火车上，让小火车重新可以跑起来，涛涛很高兴。

涛涛爸爸说："其实玩具买来就是给宝宝玩的，那么玩的同时如果可以学到些什么，就算是玩具坏掉了也是有价值的。"

爸爸妈妈在给宝宝准备更好的玩具的同时，也要想办法去引导宝宝创造性地玩耍。破坏掉的是玩具，重组的是大脑，这正是培养宝宝的逻辑思维和动手能力的良好契机。

宝宝破坏玩具对其成长有非常有利的方面，因为宝宝在破坏玩具的过程中，大脑处在兴奋状态，脑细胞非常活跃，所有的信息都会在那一刻重新被排列和组合，这正是培养宝宝想象力的关键时刻，也是其创造力的体现。

第二章

可恨而又可爱的淘气行为：宝宝“表现欲望”的初现

宝宝为什么淘气，八成的父母会条件反射性地做出这样的反应：淘气→令人头痛→赶快制止。其实，淘气，正是宝宝的天性，从能够移动身体、开始爬行时开始，到6岁之前，会有逐渐强化的趋势。

随着宝宝对外界事物认知能力越来越强、认知范围越来越大，他们的表现欲也随之大大增强：希望将看到的、听到的表达出来，倾诉出来。但由于表达时机、表达方式的不完善、不恰当，这些行为就成了苦恼、上蹿下跳。在成人眼里这都是“淘气”的表现，对于这样的行为，如果你去阻止了就错了。

从这个角度来看，宝宝的一些淘气行为只不过是想表现自己，引起身边人的注意，并不是故意所为，存心为难。只不过由于成人习惯站在自己的角度，以自己的思维去想这个问题，所以事情就会变得复杂多了。

欲念是人类与生俱来的能力，是不需要用什么特别的方式去围追堵截的，关于宝宝的淘气行为，只要爸爸妈妈有耐心、有关心、有爱心，不去破坏宝宝天生的这个能力就可以了。

一、搞怪表情越来越多——宝宝内心情感表达的信号

宝宝常会做出一些搞怪表情，这是“表达自我”的一种形式，代表着某种情感需求。父母不可盲目随意猜测，甚至盲目批评。

新爸新妈的烦恼

问题： 宝宝为什么爱搞怪？

4岁的小雅有个坏习惯：爱搞怪，年龄不大，各种怪动作、怪表情频频而出。尽管有时显得很可爱，全家人都被她逗得开怀大笑，但妈妈郝女士在欣喜之余还有些担心，一个女宝宝怎能有如此多坏习惯。

为纠正宝宝这个毛病，郝女士一直都在想办法。不成想很多方法都试过了，宝宝根本置之不理，反而噘起小嘴，小脸蛋鼓鼓的，继续挤眉弄眼。

对此，郝女士一直耿耿于怀。

宝宝心理大窥视

宝宝爱“搞怪”，在很多成人眼里是一种不雅的举动，因此常会心生反感。其实，在搞怪的背后隐藏着更多的惊喜。心理学表明，这是宝宝想向父母表达自己的内心，不同的搞怪表情有着不同的心理动机。

对于1～6岁的宝宝来说，正处在认知外界事物的初级阶段，对周边的人或物很难正确而全面地去辨认。当心中有想要表达的需求时，只

能以一种非常的方式去表现，“搞怪”就是最常用的一种表达方式，他们试图通过这种行为来引起父母的关注，同时这也是对外界事物的一种试探。

很多粗心的爸爸妈妈没有意识到宝宝这种细微的心理变化，因此而错怪了宝宝，更重要的是有可能误导宝宝，错失教育的良机。

就像例子中的郝女士，总是认为宝宝“搞怪”是一种不良的习惯，而没有走进宝宝内心，真正地去了解一番。

仔细想想，现实生活中大多数父母又何尝没有这样的想法？总是认为宝宝搞怪是调皮的表现。做一些古怪的动作，表情很可气。因此，当宝宝做出一些搞怪的表情时，总是板着面孔，严肃地说教。

给新爸新妈的建议

作为父母不要被宝宝“搞怪”表情所迷惑，一定要注意搞怪背后的心理，只有了解这些表情背后的秘密，才可能在教育宝宝时更好地抓住宝宝的心理，从而采取正确的教育方式。

那么，如何来做好这方面的引导和教育工作呢？可以从以下两个方面入手：

1. 鼓励宝宝正确地表达自己

刘女士是个忙碌的上班族，很少在家，3 岁的宝宝由保姆照顾。一天她下班回家，宝宝并没有像以前那样蹦出来迎接，而是探出头看一眼，马上缩回去，同时还挤眉弄眼，故意闹出一点动静。

见此景，刘女士感到宝宝与自己越来越疏远，便明白了宝宝的心思。

“小宝，妈妈喜欢你唱歌的样子，给妈妈唱支歌好不好？”听到妈妈的话，宝宝受到了鼓励，缠着妈妈唱起来。

有的父母由于上班忙碌，平时很少能照顾到宝宝，无形中与宝宝形成心理隔阂。宝宝在父母面前感觉生疏了，即使有话说也试图通过非正常渠道来表达。就像例子中小宝“迎接”妈妈的方式。本是很正常的打招呼，却搞得如此奇怪，显然是心中的陌生感所致。

不过，值得高兴的是刘女士敏锐地觉察到这点，清楚宝宝这是向自己示好，欢迎自己回家。因此，刘女士没有直接批评宝宝，而是间接地鼓励，这样一来宝宝就胆大了许多。

遇到这样的事情，我们不妨像刘女士一样直接鼓励宝宝，告诉宝宝该怎么做。比如，“妈妈还是喜欢你笑的样子”“妈妈喜欢你的掌声”“妈妈希望你吃饭时不要做小动作”这些话都能引导宝宝正确地正视自己，表达自己。直接告诉宝宝“该怎么做”，永远比批评宝宝“不要怎么做”效果更好。

2. 及时杜绝不良的搞怪表情

天天5岁了，爸爸左先生经常带他去影视城，因为宝宝实在太喜欢里面的动漫人物了。也许是过于喜欢，还经常模仿其动作表情，比如张大嘴巴，睁大眼睛装怪兽；张牙舞爪、脸蛋憋得奇形怪状扮打斗勇士，等等。

习惯成自然，宝宝很多坏习惯都是无意中学到的，天天的行为显然是从动漫影视剧中学到的。宝宝都容易被一些搞怪的动作、表情所吸引，进而学着做，如果父母过于纵容，他们就会更喜欢故意在父母面前表现，希望能通过这样的方式显示自己的成果。

作为父母要认真“阅读”宝宝搞怪表情透出的信息，从而利用有用信息，剔除垃圾信息。对于宝宝来讲，都希望在父母面前表现自己，尤其是自己在学到一项新“成果”时，往往会采用做搞怪表情的方式来表达自己。遇到这种情况，父母唯一可做的就是及时制止，如果在劝阻无效的情况下，则可以干脆少去类似的地方。切记，要尽量给宝宝提供正面的学习榜样。

健康叮咛

宝宝在与父母的交往体验中，逐渐学会表达自己的要求，也学会回应父母的要求，在这一过程中他们往往就会借搞怪表情来表达。对于这种行为，父母只要能够很好地给予引导，宝宝就能养成良好的习惯。

二、宝宝好动，上蹿下跳——希望引起更多的关注

宝宝好动，有时还会有一些过激行为，有的父母认为这是宝宝的天性，置之不理；有的父母认为这是一种坏习惯，粗暴地制止。其实，这两种做法都欠妥。

新爸新妈的烦恼

问题：宝宝为什么得了“多动症”？

覃女士的宝宝小新今年4岁，是全家人公认的顽皮鬼，每天，从睁眼那刻起就开始不安宁，衣服也顾不上穿就从被子里蹿出来，满屋子乱跑。

覃女士又哄，又骂，好不容易穿好衣服；吃饭时又开始不安分起来，坐不了几分钟就开始上蹿下跳，时而跳上沙发，时而又在地上打滚，或者拿着扫帚学着哈利·波特变魔法，或者学奥特曼打小怪兽……家里被弄得一团糟。

面对这些覃女士很无奈，不知道是该制止，还是该随宝宝而去。

宝宝心理大窥视

像小新这些举动属于普遍现象，尤其是男孩好动，举动顽皮，爱上蹿下跳。通过大量的研究发现，宝宝有这些行为源于两种心态：一种是取悦心理，希望获得父母的关注，得到更多的赞许和欣赏。在宝宝的心里往往会认为这些动作行为是一种能力的展现，他们希望能借此向父母

表现；另一种是希望得到父母更多的关心，尤其是当宝宝长期缺乏爱和关怀时，他们也会这样做。现在大多数父母没有太多的时间和宝宝单独相处，而孩子仍是很依恋父母，他们如果得不到满足就希望通过这样的行为达到被爱的目的。

因此，当我们面对宝宝这些好动行为时，既不要简单、粗暴的批评；也不要放任，任由宝宝自己发展，而要理智地进行引导和教育。

给新爸新妈的建议

宝宝活泼好动自然是一件好事，但是过于好动则会成为一种坏习惯。宝宝不懂事，父母来把关，当宝宝得了“多动症”之后，我们做父母的就要多加思考，采取合理的教育法边疏导，边纠正。具体来讲，可以从以下三个方面来做起：

1. 让宝宝多参与，给予正面引导

5岁的帅帅是个很闹的宝宝，一天到晚坐不住，妈妈边收拾宝宝边折腾，把家弄得乱糟糟的。看到这些妈妈怒火上升，当时就想大骂一顿，但话到嘴边又收了回来。取而代之的是耐心的引导：“帅帅，妈妈好累，你帮妈妈收拾收拾沙发好吗?”

帅帅一下子来了兴致：“妈妈，我是男子汉，我帮你。”说着很快乐地参与到了劳动中，扫地，搬东西，有模有样。

对于帅帅这样爱动的宝宝，妈妈的这种引导方式很到位，不仅能制止宝宝的继续折腾，还能让宝宝参与到劳动中来，体验到劳动的艰辛和快乐，意识到要珍惜别人的劳动成果。宝宝幼年，可塑性很强，潜移默化的行为反而能更深刻地影响宝宝，久而久之，就可以帮助他们养成自己做事的习惯。

当宝宝表现得很顽皮时，父母完全可以通过这样的方式正面引导，化劣势为优势，化被动为主动。

2. 做好约定，约束宝宝的行为

来来是个贪玩儿的宝宝，每天很晚才睡觉。一天晚上10点还不睡，最后竟然跑到爸爸门前大声喊着要爸爸起来陪着玩。这时张女士走过来，一脸严肃说，“来来，回去睡觉，别忘了你和妈妈的约定”。说着把曾经约定的计划表放到了他面前，这时来来乖乖地回去了。

原来，妈妈和来来约定好，每天10点前必须上床睡觉。

像张女士这样，为宝宝预设一些行为规范进行约束，是一个非常行之有效的办法。我们常说，小宝宝是了不起的，他们非常有责任感，会很在意自己承诺过的事情（这一点是大多数父母容易忽略掉的）。为宝宝制定一些行为规范，比如，起床时间、休息时间、玩耍规则等，这些都会无形中成为他们心中的行为标准。

3. 帮宝宝安排课余时间

李先生发现3岁的宝宝奇奇最近懂事了，安静了，也不太喜欢闹了。原来，是妈妈给她报了音乐学习班。奇奇开心极了，每天早早就在家里准备，准时去班里学习。回来还要给父母一板一眼地表演新学的知识。

奇奇妈这样的方式很见效，给宝宝安排一些喜欢的兴趣课、运动项目，不但能给宝宝的充沛精力找到很好的宣泄口，更重要的是有利于习惯的形成，兴趣的培养，可以充实宝宝的生活。

健康叮咛

宝宝好动并不是天生的，更不是不可改变的缺点。只是因为父母缺乏正确的教育方法，因此让宝宝习惯成自然，最终演变成“胡作非为”，希望上述这些方法能够化解新爸新妈的困惑。

三、宝宝将墙当成涂画板——希望获得更多的赞扬

宝宝喜欢乱涂乱画，他们希望通过这样的方式来获得别人的赞许。作为父母要理解宝宝这种心理需求，及时给予宝宝必要的表扬和肯定。

新爸新妈的烦恼

问题：宝宝为什么喜欢将墙壁当画板？

郭先生的宝宝浩浩今年 4 岁，对涂画产生了强烈的兴趣，以前只是在纸上乱画一会，后来将目标移到了墙上，这儿一个圆，那儿几条线，家里的墙上到处是他的“杰作”。每次画完还会兴致勃勃地用小手指着画，叫父母前来欣赏。

看着宝宝满足的样子，夫妻俩真是悲喜交加，喜的是宝宝的才华，悲的是墙上的涂鸦。

宝宝心理大窥视

对于宝宝爱涂鸦的行为，很多父母还是表示理解的，宝宝喜欢画自然会感到欣喜，但是宝宝却对家里的墙壁情有独钟，崭新的墙壁被涂得面目全非，父母又有些于心不忍，这真是心头幸福的苦恼。

那么，宝宝为什么会有在墙壁上涂鸦的偏好呢？我们根据主客观因素来解释这种现象：

3～6 岁这个阶段的宝宝基本上都有乱涂乱画的心理需求，有的甚至提前到一两岁，这是促使宝宝喜欢涂鸦的客观因素。而选择墙壁主要

源于内心的情感需求，属于主观意愿。

细心的父母会发现一个奇怪的现象：越是在相对开放的场合，宝宝越喜欢表现自己。每个人都有被他人欣赏，被他人赞扬的心理渴望，宝宝虽小同样不例外，对于大一点的宝宝来讲这种心理需求更为强烈，甚至已经上升到了满足虚荣心的高度。涂鸦可以激发宝宝强烈的表现欲，他们必定会想办法以最简单、最直观的方式把心中的情感表现出来，这时相对开放的墙壁就是最好的选择。

给新爸新妈的建议

3～6 岁是培养宝宝动手、动脑能力的启蒙阶段，也是非常关键的一个阶段，宝宝涂鸦的行为正是其动手动脑的突出表现。作为父母要正确看待宝宝的这种心理，并努力满足宝宝。那么，父母该以何种态度对待这件事情呢？不妨采取以下四种方法。

1. 给宝宝提供便利条件

3 岁的毛毛喜欢在墙上涂涂画画，妈妈想了一个好办法，专门为他开辟了一片涂画园地。并亲手贴上了宝宝喜欢的图案贴，中间是活动纸，用完还可以拿下来。毛毛非常喜欢，尽情在上边涂画。

毛毛妈妈的想法很好，这样不但满足了宝宝想在墙上涂画的想法，而且还保持了墙壁的干净清洁，父母们不妨像毛毛妈妈一样，多动动心思，为宝宝创造一些合适的涂画场所作画，比如可以领宝宝去外边的一些空地上画画，也可以给宝宝做个小画板，还可以找一些能擦掉的地方来画，让宝宝的创作场所不再单调的只局限于纸上。

2. 对宝宝的成绩给予肯定

4 岁的乐乐非常热衷于画小汽车，可他每次只能画几个不规则的圆圈，几根歪歪扭扭的线而已，尽管如此，他仍不忘拿着让父母欣赏：“妈妈，乐乐画得真棒！”而妈妈也的确认真地看了又看，并且夸奖了宝宝。乐乐很开心，立马又画了起来。

乐乐妈妈这样的回应方式非常可取，虽然大多数时候宝宝画的都是“四不像”，但父母不要刻意的说出来，以免打击宝宝的积极性，伤害宝宝的自尊心，宝宝现在的不规则图形是走向规则图形的必经阶段。适当的赞扬会激发宝宝的涂画兴趣。

3. 给宝宝准备各种涂画的工具

小强爸爸每次出差回来，都会给小强带回新的画笔，现在小强的画笔有很多，有细的、有粗的，有蜡笔、彩笔、软笔、硬笔好多种类，这些神奇的画笔，让小强的画画风格也变得多样起来。

画笔作为涂画的重要工具，在画画中发挥着很大的作用，小强爸爸这样的方法是很好的，为宝宝提供了充足的画画工具，使宝宝涂画的表现形式更加多样化，有助于激发宝宝的想象力和创造力。

4. 与宝宝共享涂鸦的过程

明明最爱玩的游戏就是做妈妈的涂画老师，每次妈妈都会问个不停。“小明明老师，小勺子怎么画啊?”这天妈妈又发问了，明明仔细看了看勺子说：“就是先画一个圆圈，再给它加一条尾巴。”妈妈故意把那条线给画歪了，细心的明明马上就发现了，“不对，不对，这样画”，边说边帮着妈妈纠正起来。

父母是宝宝最好的老师，明明的妈妈巧妙运用了寓教于乐的方法，通过游戏的方式，用发问让明明渐渐找到了绘画的思路和方法，这是一个很好的办法，也有助于宝宝思维的锻炼。我们不妨和宝宝一同参与到涂画中来，既可以拉近亲子关系，又能传授绘画知识。

宝宝今天的“涂涂画画”，也许就是未来绘画创造和想象的源泉，作为父母一定要耐下心来，给宝宝多一点爱护，多一点欣赏，多一点赞扬。只有细心的呵护好宝宝的绘画种子，才能让它更好的生根发芽。

四、越脏的东西越爱玩——对异物的强烈认知需求

宝宝总是对一些脏东西爱不释手，这是宝宝对大自然强烈的认知需求，作为父母一定要正确对待。

新爸新妈的烦恼

问题：宝宝为什么爱玩脏东西？

尤先生一家领着3岁的唐唐在公园散步，宝宝显得异常开心，拉着爸爸妈妈的手到处走。尤先生惊奇地发现宝宝总是喜欢去比较脏的地方，比如，树桩下，墙角处，长椅下等，抠抠这里，摸摸那里，尤其是藏匿于死角的垃圾，不一会儿唐唐的小手上粘满了泥土。对此，尤先生很不高兴，几次三番的阻止宝宝但均无效。

宝宝心理大窥视

几乎所有的父母都会有这样的苦恼，宝宝喜欢玩泥巴、玩土、玩小石子，喜欢拾大人扔掉的垃圾。总之，在成人看来是“破烂儿”“垃圾”之类的东西，宝宝竟表现出极大的兴趣。宝宝为什么会对这些感兴趣呢？

我们先分析例子中唐唐的行为，其实这既有偶然性也有其必然性。偶然性是指该公园恰好有如此多的阴暗面，如果没有或者宝宝无法轻易看到也不会刻意去寻找。必然性是指，这是宝宝在生理、心理发展过程中必然经历的一个阶段。宝宝容易被未知的东西所吸引，对一切未知的

东西充满了好奇，这些脏东西正好是宝宝未曾见过或者不曾了解的，他们更渴望去认知。

在宝宝眼里没有“脏”和“干净”的概念，任何东西在他们看来都没有高低贵贱之分，小泥人很脏，布娃娃干净，但在一个宝宝心里都是一样的。因此，对宝宝来讲，玩脏东西和玩干净的东西心情一样，作为父母要理解宝宝这一心理特征。

宝宝爱玩脏东西，还源于一个更深层的心理：探索心理。相对于易看见、易摸到的东西，宝宝更喜欢看不见、摸不到的东西，这就是宝宝内心深处固有的好奇心。

给新爸新妈的建议

玩“脏”东西同样有利于开发宝宝的智力，培养宝宝的创造力，拓宽宝宝的认识。但这不等于纵容宝宝去玩这些东西，毕竟这会影响到宝宝的健康，如何来“玩”则需要采取更多的方式方法。

1. 宽容和理解

易女士带3岁的佳佳去乡下的奶奶家，来到奶奶家佳佳感觉什么都是新鲜的，泥巴、石子，还能和猫咪、狗狗玩耍，因此显得非常高兴。易女士本想去制止，见宝宝如此高兴也就打消了这个念头，唯一可以做的就是等宝宝尽兴之后彻底地清洗一遍。

易女士在对待宝宝玩脏东西的态度上，更多地从宝宝的心理需求上考虑。这种宽容和理解是难能可贵的，这更有利于宝宝享受大自然带来的乐趣。所以，父母要充分理解宝宝，尊重宝宝，不要因为怕弄脏衣服就盲目制止，同时，还要注意适度并做好防护措施。

2. 坚决杜绝

淘淘总对家里的垃圾桶感兴趣，不断地去看，去摸，有时候还会捡起妈妈扔掉的一些东西。这时，妈妈就会让淘淘先闻一闻，一股酸臭味扑鼻而来，淘淘便主动离开了。

并不是所有的脏东西都可以让宝宝接近，类似于淘淘的行为就必须坚决制止，并给予严厉批评，让宝宝在心中永远切记“垃圾桶不能碰”。淘淘妈采用的这种方法，看起来很低级趣味，但效果非常好，能有效地让宝宝远离垃圾桶。

总的来说，即是先让宝宝自己去感受，通过视觉、嗅觉、触觉等切身体验，让宝宝做出正确判断，意识到哪些东西可以接近，哪些不可以接近。

3. 说教结合，亲身引导

瑶瑶总是对形形色色的饮料瓶感兴趣，每次出去总能捡几个不同的回来，在家里摆了好多。每次瑶瑶妈都会这样问：“宝贝，玩瓶子时我们要注意什么？”

“小手不要揉眼睛，不要往嘴里放。”

“那玩完之后呢？”

“要及时洗手。”

瑶瑶妈平时爱干净，每次宝宝想玩一个脏玩具，妈妈总是洗了又洗，擦了又擦，就这样玩具就变旧为新了。

将脏东西提前给宝宝处理干净是保障卫生的好办法。瑶瑶妈妈采用事前提醒和事后教育的方式值得借鉴，在防患于未然的同时，给宝宝灌输卫生知识，提高了宝宝的安全意识。

“脏”东西能不能玩是相对而言的，不能过度纵容，也不能绝对制止。一切按照宝宝的身心健康为中心，在保障宝宝健康安全的前提下，引导宝宝合理选择，保护宝宝亲近大自然、探索大自然的愿望，给宝宝一个自由的天地。

五、宝宝爱吹牛——过强的“自我优越”感

大多数宝宝喜欢吹牛，这源于过强的“自我优越”心理。父母要理解宝宝的这种心理特征，仔细分辨，对症下药。

新爸新妈的烦恼

问题：宝宝为什么爱捧自己？

4岁的威威上幼儿园之后，开始爱吹牛，“妈妈，我小红花最多，老师的问题我都能回答。”“我是全班最厉害的，谁都不敢动我。”事后妈妈将威威的话告诉了爸爸，爸爸不以为然：“也许这就是事实，再者即使是假的我们也不能戳破。”

妈妈则认为，宝宝太吹了，久而久之就会发展成撒谎的习惯。

宝宝心理大窥视

随着宝宝的慢慢成长，总会伴随有这样一种现象：爱自夸，说一些不着边际的话。比如，总爱说“我最好”“我最优秀”等。对此，有的父母会认为这是宝宝的童真，而有的父母却认为这是撒谎的起点。到底哪种观点对呢？这就需要从宝宝“爱吹牛”的心理状态说起。

宝宝3岁以后，尤其是进入幼儿园，随着交际范围越来越广，不可避免地会出现两种分歧：一是宝宝受到老师、同学过多关注，产生了骄傲自满的情绪；二是受到众人的冷落，希望通过这种方式来弥补，进行自我安慰。

这两种情况都会让宝宝养成爱吹牛的习惯，归结一点，这是“自我优越”感过强的表现，从而致使宝宝失去了对自己的客观认识。

这个时期的宝宝年纪尚小，对自己缺乏正确认识，在他们心里只有一个想法：别人能做的事情自己也能做到。因此，关注和爱无论过多，还是缺乏，都会导致心理的较大波动，表现在行为上就是说大话，说假话。

给新爸新妈的建议

尽管宝宝吹牛并非恶意，但如果不进行合理引导，就会慢慢发展为一种习惯性行为，长大后就成了真撒谎，对宝宝人格品质的发展会造成危害，所以父母要重视起来。那么，父母在面对宝宝的这种行为时，应该如何做呢？我建议这样做：

1. 教会宝宝正确评价自己

洋洋在电视上看到中国举重运动员得了冠军，激动地说：“妈妈，我是大力士，我也要当冠军。”妈妈说：“冠军能举起200多斤的东西，妈妈只有100斤，你能举得动妈妈吗？”洋洋想了想说：“那我差得还好远啊！”

妈妈通过给洋洋举例子，让洋洋明白了自己的力气有多大。新爸新妈也可以运用这样的方法，我们还可以采用打比喻、讲事实的方法让宝宝感受一下自己说的事情到底能不能做到。

2. 教会宝宝尊重客观事实

小丽这几天来到了姑姑家，姑姑家的小哥哥波波只比小丽大三个月，两个宝宝玩的可高兴了。这天，两个宝宝很有兴致的画起来，完了姑姑问：“你俩谁画的好啊？”小丽说：“当然是我画的好。”“我的画才是世界上最好的。”两宝宝争个不停，姑姑说：“你俩画的都好，小丽的颜色鲜艳，波波的内容丰富。”两个宝宝都高兴地笑了。

姑姑给宝宝们做了具体的分析，分别说出宝宝画的好在什么地方，引导宝宝在以后的描述中要具体客观。作为父母在日常的表述中要避免笼统直接的表扬，少用“真棒”“真好”这类的话，最好说得具体客观，具体说出好在哪里，这样，宝宝慢慢也会学着从不同的角度思考问题，分析问题，从而形成养成良好的思维习惯，如此一来宝宝说话就会变得有条理，而少一些吹牛的现象。

3. 多给宝宝必要的鼓励

甜甜今年4岁，在妈妈教育下甜甜从小就自己的事情自己做，比如自己穿衣服、洗脸、叠被子等。甜甜做完事后，妈妈会说："宝贝真是个好宝宝。"然后再指出甜甜哪里做的好，哪里做的不太好。

甜甜的妈妈没有像别的父母一样总为宝宝做这些事情而去夸奖她，只是适当的表扬，指出好和不好的地方，这有助于宝宝的自我完善。宝宝少了一份不该有的骄傲，也就少了吹牛皮的大话。

4. 起好模范带头作用

园园父母开了一个商店，每天晚上都会在家里数钱对账。有一天，妈妈伤心地说她不小心弄丢了十块钱，园园便说："妈妈别难过，咱家有那么多花不完的钱，十块钱算什么?"

父母平时在家里数钱让园园觉得家里的钱很多，所以说父母的言行对宝宝的影响很大。在平时生活中，父母做生意、聊天时，和宝宝无关的事情要尽量避开他们，还有父母在生活中也要少说大话。

吹牛是这个时期宝宝的一种正常现象，是健康心态的表现，作为新爸新妈，我们不必恐慌。要正确引导，教会宝宝客观地描述问题，正确认识自己。只要父母做好榜样，随着宝宝年龄的增长，认知能力的增强，这些牛皮大话自然会慢慢消失。

六、宝宝总爱往高处爬——缘于想和大人“平起平坐”的心理

宝宝虽小，却对比较高的地方情有独钟。作为父母，在保障安全的前提下，不要强行阻止他们爬高。宝宝爱爬高的天性是不容易遏制的。

新爸新妈的烦恼

问题：宝宝为什么总是向往高处？

小勇恰好3岁，生性活泼好动，不是踩在板凳上，就是站在沙发上，跳来跳去，家里的沙发、茶几、柜子、窗台都成了他的乐园。妈妈赵女士担心宝宝一不小心摔下来，常劝道：“小勇，高处危险。”

可小勇爸则反对：“别老管着宝宝，男宝宝何必那么斯文？看咱家宝宝多勇敢呀，将来一定是个顶天立地的男子汉。”爸爸的话令小勇反而兴奋起来，可赵女士对这种勇敢的行为不敢恭维，揪着的心久久无法放开。

宝宝心理大窥视

和小勇一样，很多宝宝都有爬高的爱好，这样的行为是宝宝天性的一部分。在攀高的行为背后体现的是宝宝的成长，3～6岁年龄段的宝宝内心深处有一种渴望，渴望与身边的成人“平起平坐”。那么，宝宝为什么会有这样的心理呢？原因主要有以下两点：

1. 对身高的崇拜

在一些宝宝看来，成人可以做很多事情而自己不能，他们会把这些归结为身高不够。因此，会想当然地认为只要自己长高了就可以做同样的事情，自然地，对成人“高处的世界”很向往，并对身高产生了崇拜感。这种心理间接促使宝宝通过爬高的方式来做到和父母一样的行为，这也是为什么宝宝登上高处之后有一种自豪感的原因，比如，“妈妈我比你高了”“爸爸你看，我也能探到音响啦!”

2. 对平等的追求

当宝宝做错事、犯错误时，大多数父母都会站在那里，趾高气扬地数落。这时父母高大的身躯无形中会给宝宝巨大的心理压力，这种压力甚至要比激烈的言辞更甚。为了表示反抗，有些宝宝就会站到高处，试图以此实现身份上的平等。

这种心理通常是非常微妙的，不一定总是发生在被批评、被责备后，生活中很多细节都有可能引发宝宝这种心理。此外，这个年龄段的宝宝精力旺盛，活动范围有限，所以也会找一些高的地方爬来爬去释放丰富的精力。

给新爸新妈的建议

爬高虽有一定的危险性，但同样也是一种心理需求的表现，父母不可过多压制。在引导上要学会扬长避短，给宝宝最好的教育。那么，如何才能兼顾宝宝健康发展，又能确保其安全呢？不妨试试以下四种方法：

1. 行为体验

周末，大宝跟着父母去爬山，下山时还坐着缆车，大宝不禁喊道，“爸爸，山原来是这么高啊，能看到好多地方！比我在家里柜子上看到的东西多多了。”回到家里后，大宝不再像以前那样热衷于爬高了。

父母可以让宝宝领略一下真正的高度，宝宝喜欢爬高，多是想体验高处的感觉。像大宝这样体验了大山的高度，自然也就不屑在家里爬高了。父母还可以领宝宝去游乐园玩高处的游乐设施，领他坐旋转木马、荡秋千、跳蹦蹦床等，多给宝宝一些高处的体验。不过活动中父母一定要注意做好宝宝的安全保护工作。

2. 巧妙引导

针对喜欢爬高的小虎，妈妈把家里不太安全的地方编了一首儿歌给小虎听，小虎很快就记住了，每当小虎再去爬一些太高和太危险的地方时，就会想到那首儿歌，自然就会放弃攀爬。小虎现在是越来越懂事了。

对于这个年龄段的宝宝，太深刻的道理是不太可能理解的，不如用小虎妈妈这样一些特殊的方法给宝宝语言上的告知，让其成为宝宝的警铃。父母也可以通过讲故事的形式告知宝宝，这样容易给宝宝留下更深刻的印象。

3. 蹲下来说话，多一点仰视

有一次刚刚故意踩到椅子上和妈妈比高，还学爸爸说话，妈妈说：“让妈妈变小，你下来好吗?”妈妈在旁边的小凳子上坐下来，刚刚竟然自觉地从椅子上下来了，还拍着手喊道：“妈妈变小了，和我一样高了!”

刚刚的妈妈坐下来和刚刚对话，这样很好地迎合了刚刚追求和大人一样身高的心理需求，于是刚刚主动从椅子上下来了。其实生活中父母就是要给宝宝多一点仰视。父母可以经常蹲下来，或者坐下来和宝宝一起阅读、玩耍。多看着宝宝的眼睛，和宝宝亲切的说话，给宝宝平等交流的感觉，这也可以减少宝宝的爬高行为。

4. 没条件也要创造条件，满足宝宝心理需求

婷婷虽是个女孩可也喜欢爬上爬下的，家里的大床几乎是她的乐园，经常会跑到床上去，然后重新蹦下来。还喜欢爬到妈妈叠好的被子上去，跳来跳去。为了防止意外，妈妈在床边放了一圈泡沫。

妈妈这样的做法可以有效防止宝宝摔伤，当宝宝爬高时，安全措施很重要，例如，父母可以在宝宝喜欢攀爬的物体周围铺上一些垫子，防摔伤。如果住在高楼上平时要关好家里的门窗或安上防护网。把宝宝想要的东西放在低处，宝宝就不会因为够一些想要的东西去爬高了。但安全防范最重要的还是父母多多监管，当宝宝爬高时，父母最好不要走开。

健康叮咛

喜欢爬高的行为，是这一阶段宝宝成长过程中表现出来的特定特征，父母一定要拿出耐心来，多渠道、多方面地加以引导，语言上，行动上，情感上，多体贴、多关心，陪宝宝顺利度过这个特殊的时期。

七、宝宝随便拿别人的东西——及早制止“偷窃”行为

有些宝宝在成长中会出现喜欢拿别人东西的现象，作为父母要高度重视，尽早遏制，正确引导，别让宝宝现在的“拿”发展成为将来的“偷窃”。

新爸新妈的烦恼

问题：什么都有，宝宝为什么喜欢随便拿别人的东西？

庄女士4岁的宝宝叫果果，是一个非常可爱的小姑娘，已经上幼儿园中班。最近，有一件事情一直困扰着庄女士，即无意中发现宝宝随便拿别人的东西。今天口袋里有块新橡皮，明天书包里多了一支铅笔。庄女士心想：“我没有给她买过呀，难道是偷别人的吗？”

这种疑惑藏在庄女士心里许久，也没敢轻易问宝宝。

宝宝心理大窥视

像果果这种行为在很多宝宝身上都有，这是1～6岁年龄段宝宝特殊的心理反应：占有欲、好奇心。

占有欲，是由于喜欢而想据为己有的一种心理，每个人或多或少都会有，只不过宝宝自制力较差，表现较为突出。比如，成人看到自己喜欢的东西时，受到法律或社会道德约束，即使有想拿走的念头也会马上打消。而对于一个宝宝来讲不存在这些顾虑，他们的想法是，“既然喜

欢为什么不拿走呢?”于是，例子中果果的行为就产生了。

心理学研究发现，3岁以前的宝宝基本上是个体活动，与其他人交往时比较自我，不会打招呼，也不会互相交换玩具；但3岁以后的宝宝，自我意识有了一定发展，已能意识到自己独立存在，清楚地区分主体和客体的关系，头脑中有了“你的”“我的”“他的”的概念，这时其占有欲会更加强烈，所以，这种现象通常发生在3岁以后的宝宝身上。

除了生理发展因素外，宝宝的这种习惯与家庭教育也有密不可分的关系，现代独生子女集万千宠爱于一身，占有欲往往会尤为强烈，想当然地认为，别人有的东西我也要有，在这种占有欲的驱使下更容易做出“随便拿”的举动。

给新爸新妈的建议

父母发现宝宝有这些小毛病之后不必过于紧张，只要加以及时、正确的引导，就不会发展为成人心中想象的“偷”“窃”。宝宝有“随便拿他人东西”的坏习惯，是一定要制止的。那父母应该如何制止才有效呢？这里提供三个小方法，以供参考：

1. 语言引导

沙沙跟妈妈在邻居家玩，临走前紧紧攥着对方的小花瓶不放。妈妈一下就看出了沙沙的心思，问道：“沙沙，你这是拿谁的东西?”

“阿姨的。”

“那阿姨家的花瓶应该放在哪里?”

“阿姨的桌子上。”沙沙扁着小嘴说。

“那咱们放下东西再回家好吗?”沙沙虽然有些不情愿，但最终还是将花瓶放在了桌子上。

沙沙妈在处理宝宝随便拿别人东西时，进行了巧妙的引导，让宝宝在对话中一点点明白“花瓶并不属于自己”。在处理同类事件中我们不妨采用类似的方法，多给宝宝讲讲道理，让宝宝明白“不是自己的东西不能随便拿”。

值得注意的是，这不是一朝一夕的结果，更不是你跟宝宝说几句话就能有效果的，关键是要养成习惯。这里有一个小窍门有助于这种习惯的养成：宝宝与父母，以及家里其他成员的东西分开放置，宝宝如果想使用他人的东西时需要征求意见，久而久之宝宝自然就会意识到别人的东西不能随便拿。

2. 言传身教

爸爸发现伟伟连续两天都从幼儿园里带回别人的东西，晚上爸爸故意大声和妈妈聊天，“我上学那会儿可是班里的优秀学生，在班里捡到别人的东西都会及时上交，还喜欢帮助同学，老师也夸，大人也夸……”爸爸一直都是伟伟崇拜的人，听了这些，伟伟对自己的行为感到十分的惭愧，第二天就把东西归还了同学。

伟伟爸用自己的事例从侧面对宝宝进行了道德教育，让宝宝树立了很好的是非观，从而自觉主动地认识到了自身的错误。父母在生活中一定要以身作则，且不说自己不能有这些不好的行为，还要加强对宝宝的教育，可以给宝宝讲一些英雄关于个人品德的故事。同时对宝宝好的行为也要及时表扬和鼓励。

3. 及时满足宝宝需求

小忠父母比较忙，小忠一直跟着爷爷奶奶，老人比较节俭，很少给小忠买东西。最近老师反映小忠有好几次把其他宝宝的东西偷偷装到自己书包里。妈妈知道后把小忠接回家里住，并且主动找小忠谈，问小忠想要什么，并及时给小忠买回来。过了一段时间，妈妈再去找老师了解情况，老师说再没有发现这样的情况，而且老师说小忠近段时间也表现得很开心。

妈妈很理解小忠以前爱拿别人东西是由于自己想要的东西得不到满足，并及时和小忠沟通交流，给小忠适当选购他喜欢的东西。需要提醒的是父母在给宝宝买东西时，一定要先和宝宝沟通，有时候大人给的不一定是宝宝想要的，要从宝宝的需要和喜好出发，给宝宝适当的满足，但也不能过度满足宝宝的一切要求，以免宝宝占有欲过度膨胀。

对于宝宝生活学习的必需品，我们都应该满足，对于玩具，只要价格不太贵，需求不频繁，父母一般也应该满足。如果有特殊原因不能满足，父母应及时给宝宝一个合理的解释。

健康叮咛

面对宝宝有拿别人东西的这种行为时，我们一定要重视起来，用科学的策略和教育方法，用爱心和耐心给宝宝多一些关注，及时纠正宝宝不良的行为习惯，以免宝宝未来出现品德问题。相信在爱的浇灌下，宝宝的内心一定能开出美丽的道德之花。

八、宝宝爱从地上捡东西吃——异食行为

几乎所有的宝宝都有过捡东西吃的行为，这是一种异食行为，即通常是指喜欢吃一些不能吃的东西，如泥巴、沙石、盐粒、毛线头等，而且感到快乐。

新爸新妈的烦恼

问题：宝宝为什么爱捡地上的东西吃？

3岁半的米米总是在地上乱捡东西吃，这让柳先生夫妇感到很困惑，比如，吃饭掉到地上的饭会捡起来吃，见到没见过的东西也会捡起来吃。有一次，竟然捡了一颗钉子放到嘴里，着实把柳先生吓了一跳。每次看到这样的行为，夫妇俩都不忘严厉批评，但效果则不是非常好，总是以宝宝哭哭啼啼收场。

宝宝心理大窥视

很多宝宝都有米米这样的行为：喜欢捡地上的东西吃，或者玩。这种行为在心理学上称之为异食行为，也叫异食癖。如果在成人身上可能是一种病，需要就医治疗，而对宝宝来讲更多的是心理问题，只要正确疏导即可。

这个年龄段的宝宝对事物的认识比较单一，哪些能吃，哪些不能吃，根本没有明确的概念。如有些宝宝吃饼干，边吃边撒，从地上到床上，吃完手中的，又捡吃地上的，吃完地上的，又捡着吃床上的。如果对这种食物足够喜欢，在他眼里，手里、掉在床上的、掉到地上的东西

是一样的。他不会有选择性的思考，无法意识到地上的饼干已经沾染上细菌，这恰好体现了宝宝认知的单一性。

其次，还与这个宝宝探索欲的进一步发展有关，细心的父母会发现，宝宝只会捡自己没见过的或没吃过的东西，比如，漂亮塑料袋，稀奇的玩具等，这表明宝宝对要捡的东西还是有选择性的，标准就是自己从未看见或未体验过的。从另一个层面看，宝宝对未知事物的探索欲望增强，值得注意的是，宝宝在日常生活细节中表现出来的这种潜能要精心呵护。

另外，造成宝宝有这种怪癖的还有一些客观原因，比如，对宝宝的零食管制过严，有些父母反对宝宝吃小零食，宝宝吃过的零食屈指可数，有时见到别的宝宝吃零食就会有一种心理落差。

给新爸新妈的建议

在明确了宝宝为什么会捡东西吃之后，我们就要有针对性地采用措施教育宝宝，帮助宝宝慢慢纠正这种不良行为。那么，具体来讲该怎么做呢，着重从以下两个方面做起：

1. 意识上：教宝宝正确辨识的能力

秦女士的宝宝刚过3周岁，她发现宝宝会偶然捡地上的脏东西吃。为了制止这种行为，她多次告诉宝宝：“掉在地上的食物沾满了细菌，已经不能吃了。”并且买了相关书籍，让宝宝更深刻地认识细菌的危害。此后，宝宝每当看到掉在地上的东西，就会冒出“细菌，细菌，不能吃”“有细菌，脏，不能不能”等话。

秦女士通过谈话和观察，让宝宝认识到地上的东西有细菌，尽管宝宝不懂什么是细菌，但是通过“捡东西”这个行为他就会形成条件反射，“不能吃”这个概念已经刻在脑子里，从而强化了宝宝讲究卫生的意识。

3岁以后的宝宝已经有很强的记忆识别能力，父母要多教给他们一些卫生方面的知识，不要担心宝宝听不懂、看不懂，方式正确效果会非常好。比如，以更生动、直观的方法，用看图片、看动画、讲故事等形式慢慢灌输，就会增强宝宝对事物的判别能力，卫生意识。

2. 行为上：以身作则，做宝宝的楷模

铛铛是一个有着良好卫生习惯的宝宝，说起经验，妈妈章女士很有心得：就是自己做在前。每当看到宝宝做错事时就会告诉他："宝贝，东西脏了，和妈妈一起去把脏东西扔到垃圾桶里，好吗？"

此时，铛铛就美滋滋地拉着妈妈的手朝垃圾桶走去，无意之中也记住了掉到地上的东西变脏了，不能往嘴里放。

章女士用自己的行动给宝宝树立了很好的榜样，宝宝再遇类似的事件就会想起妈妈的话，自然就不会捡脏东西放到嘴里。作为父母要想教育好宝宝，首先就必须严格要求自己，因为自己的一言一行都会潜移默化地影响宝宝。

很多时候，宝宝的习惯都是来自父母的不坚决，一位母亲看着掉在地上的饭菜，一边告诉宝宝："脏！宝贝不能吃。"一边捡着自己吃掉了。在这样的模糊教育下，宝宝对脏东西很难有一个清楚的认识，到底这是能吃还是不能吃？为什么妈妈能吃自己不能吃？很明显父母言行不一致，无法从根本上解决问题。

改掉任何坏习惯都是一个循序渐进的过程，当宝宝误吃脏东西时父母要冷静，要从意识上和行为上，双管齐下，与宝宝展开沟通，耐心教导，并给予及时监督，让宝宝真正从根本上意识到这种行为的恶劣影响。

第三章

粗暴而不失温柔的暴力行为：宝宝“内心情感”的表达

心情不悦时宝宝喜欢张口就咬，伸手就打，大多数父母认为宝宝“学坏了”，从而全力制止，甚至以暴制暴。殊不知，这样往往会起到反作用，因为在1～6岁宝宝的眼里，暴力不都是那么残忍，其中夹杂着多种情绪。父母在制止宝宝的暴力行为时要因人而异，视情况而定。

宝宝的暴力行为通常表现为两类：一类是语言暴力，如有的宝宝年纪虽小，可脾气却相当暴躁，稍不顺心，嘴里就冒出不尊重人的言辞；另一类较为严重，表现在行动上，轻者对别人动手动脚，重者用器械伤人，危害性极大。

造成这种现象的原因有家庭、社会等外在环境的因素，但更重要的是主观心理上的因素。正是宝宝处处得不到父母或其他人的认可，才使之产生“报复”“发泄”的心理。

一、骂父母，打长辈——宝宝的敌对心理来自溺爱

有些宝宝常常不尊重父母，打长辈，这些不良行为是一种典型的，由溺爱转化而来的撒娇行为，多是因父母以及长辈的过度溺爱所致。

新爸新妈的烦恼

问题：宝宝为什么不知道尊重长辈？

妍妍今年3岁，是家里唯一的宝宝，爸爸妈妈爷爷奶奶视她为掌上明珠，宠爱有加。有一天，妈妈下班回到家，刚一进门不小心滑倒了，原来，是妍妍玩水洒了一地，看到妈妈摔倒，妍妍笑个不停。

妈妈生气地过来夺妍妍手里的水枪，这下可激怒了她，很不服气的她对妈妈又踢又打。

妈妈苦恼极了，这样的宝宝如何教育好呢？

宝宝心理大窥视

像妍妍这样的“小公主”不在少数，她们对父母总是怀着一种“敌对”心理。稍有不顺意就发脾气，易怒、任性，骂父母，不尊重长辈。为什么宝宝会有这样的行为呢？有人归结为性格所使，实际上这完全是后天教育上的失职。

习惯于别人对自己无条件顺从和满足，当自己的想法得不到满足或者被父母忽略时，就会充满敌意，燃烧起愤怒的火焰，直至上升为骂父

母和打长辈。

没有一个宝宝天性野蛮、不懂事，多是受外部因素的影响，包括所处的环境、每天面对的人，以及成人灌输的思想。

有些父母在教育宝宝的是非观念上，一开始就出现偏差。比如，当宝宝对周围小朋友有不文明行为时，父母不是制止，及时批评，而是极力袒护；当宝宝不尊敬长辈时，父母一味迁就和纵容，这些行为表面上是对宝宝的爱，实则无形中害了宝宝。宝宝本没有对与错的观念，如果父母再没有一个正确的引导，他们就会固执地认为自己的行为是对的。长此以往，最终会导致宝宝混淆是非，颠倒黑白。

给新爸新妈的建议

骂父母、打长辈，既是对长辈的不尊重，也不利于自身良好行为习惯的形成。那么，面对既恨又爱的宝宝，做父母的如何做，才能不失对宝宝的爱，同时又能让宝宝意识到错误呢？

我们可以来试试以下这些方法。

1. 树立长辈在宝宝心中的威信

琪琪最敬畏的人是爸爸，一天她拿着剪刀玩，妈妈看到就让她赶紧放下，琪琪很不乐意。妈妈再三催促，琪琪反而生气地说：“讨厌鬼，离我远点。”

她边说边把妈妈推到一边。这时，爸爸站在了她面前，琪琪急忙扔下剪刀，变规矩多了。

琪琪对待爸爸妈妈截然不同的态度，让我们感受到；作为父母就应该给宝宝一些敬畏感。这种敬畏感并不是指使用“暴力”威慑，让宝宝对你产生恐惧感，而是要让宝宝发自内心地对你有一种敬重。

为了在宝宝心中树立起父母的威信，父母最重要的就是做好思想工作。比如，多讲一些尊敬长辈的故事，多参加一些尊老爱幼的社会活动，让宝宝在一个相对自由的环境中去感受。

2. 与宝宝保持良好的沟通

小瑞今天早上8点就起来看动画，一直到中午，妈妈都做好饭了，叫了好几次，可他还是动也不动。妈妈无奈之下过去直接将电视关掉，小瑞一下子脾气就上来了，“就要看，我讨厌你，走开。”过了一会儿爸爸出来说："小瑞，今天和爸爸比赛吃饭吧！"小瑞一下子兴趣来了，很快地冲到了餐厅。

同样是叫小瑞吃饭，爸爸轻易地办到了，妈妈却和小瑞引发了一场"战争"，关键是因为沟通方式不同。宝宝咒骂的行为多数是在被父母激怒的情况下发生，所以，我们父母在和宝宝沟通时也要注意方式、方法，要以尊重宝宝为前提，语气上平和一些，语言上要委婉一些，和宝宝保持友好的沟通方式。

3. 帮宝宝转移愤怒的情绪

范女士的宝宝小艾3岁，从小就喜欢宠物猫，但忘性也较大，经常玩起来就把一切都忘得一干二净。一天很晚了小艾还不回家，范女士劝说，她还发了很大脾气。这时妈妈抱起小艾说："我们该回家喂你的小花猫了，难道你不喜欢它了吗？"刚提起小花猫，小艾马上决定回去。

范女士通过转移小艾的注意力，熄灭了她心中将迸发的怒火，成功制止了她打人的行为。父母在转移宝宝注意力时，可以选取一些宝宝感兴趣的东西来引起宝宝的关注。也可以用音乐来平静宝宝的情绪。

父母除了要改变对待宝宝的方式之外，也要注意自己的言行，父母之间少争执，多尊重，给宝宝创造一个团结和睦的家庭氛围，给宝宝一个好的行为典范。

要改变宝宝不尊重父母，不尊重长辈的不良行为，父母必须先改变自己的教育理念、教育方式。宝宝就像一张白纸，全靠父母平时的教育，理念和方式的正确与否直接决定着宝宝的价值观、世界观，因此在这个问题上父母负有重大责任。

二、突然向小朋友发动攻击——发泄心中的挫败感

不少宝宝常常以打、骂、咬人的方式来攻击他人。面对这样的行为很多父母有些不知所措，其实这是宝宝内心挫败感的一种发泄。

新爸新妈的烦恼

问题：宝宝为什么会突然咬人?

4 岁的小伟跟随爸爸妈妈在公园散步，看到一圈小朋友在玩溜溜球，小伟也想参与进去，这本来是高兴的事，却因为多次无法与对方沟通而变得沮丧。再看，那边的小朋友个个玩得兴高采烈，小伟十分着急，冲上去就咬了对方一口。见状，父母急忙制止了他，并进行了严厉的教育。

事情是被制止了，但一个无法控制自己情绪，善于以攻击手段进行报复的宝宝，很难与他人和睦相处。直到现在为止，这对夫妇也不理解宝宝为什么会突然咬人。

宝宝心理大窥视

研究发现，3～6 岁的宝宝在遭遇挫败时通常会以突然发动攻击的方式来发泄内心的不满，比如，咬人、打人、骂人等，这是宝宝与成人巨大差异的所在，成人发泄心中挫败感的方式有很多种，可以进行自我控制和约束，但宝宝则不同，当心中有怨气时他们是一定要发泄出来的。

小伟的行为就属于这种情况，那么，宝宝为什么要用这种攻击的方式来发泄自己内心的挫败感呢?

宝宝突然攻击别人，一般只有在受到外界的刺激下才会发生，比如，遭遇失败、产生矛盾等。不顺利或不顺心时，宝宝的情绪很有可能出现较大波动，他们对这种波动是很难控制的，因此很有可能做出不和谐的举动。

一方面源于心理发展的不完善；另一方面与父母的教育有关。再加上现在的小宝宝自尊心、嫉妒心比较强，抗压力脆弱，一旦被别人抢了风头便会觉得自己失去了光彩，为了挽回面子，宝宝就会产生一种强烈攻击的心理。

给新爸新妈的建议

以攻击别人来发泄内心的不快和挫败感，是宝宝的一种特殊表现。作为父母应该重视起来，制定合理的应对措施，帮助宝宝纠正这样的行为。

1. 耐心交流，让宝宝明白打人是不对的

小语到了入园的年龄，妈妈韩女士陪她去报到，不一会儿，就因与一个小男生抢木马而打了对方一巴掌。韩女士赶忙阻止了小语但没有当场批评，等小语安静后才对她说：“为什么要打人啊?”

小语有些不服气地说：“他不让我玩木马。”

“但你也不能打人啊，这是很不好的行为，幼儿园里小朋友很多，大家都要和睦相处。”

小语似乎听懂了什么，对妈妈说：“在幼儿园，老师和小朋友们都不喜欢咬人的宝宝。”

“对，宝宝真乖，以后不许打人啊，再遇到这样的情况你可以先提出来或请老师帮忙。”

宝宝因为内心得不到满足，因而经常会做出一些过激行为，就像例子中小语由于玩不到木马，所以才对正在玩的同伴实施了攻击行为。这与宝宝是非观念淡薄、控制力较差有关。

当小语打人后，韩女士意识到了这一点，在及时阻止的同时给了正确的引导，明确地告诉宝宝这样做不对，会伤害别人，而且反复强调，

让宝宝意识到再有这样的行为时怎样才是正确的应对方法。

2. 角色互换，让宝宝学会站在受害者的角度考虑问题

刘女士4周岁的儿子淘淘非常顽皮，因为一个小小的事情，竟大发脾气，并抓伤了刘女士的手臂。刘女士批评了他，儿子仍没有悔意，为此，她特意进行了一场表演：按照病人样子将自己的胳膊缠起来，而且装出一副非常疼的样子。吃饭、做事情都只用一只手。

同时，刘女士也要求儿子淘淘尝试着用一只手去做，饭间，也让他只用一只手吃饭。他一开始还觉得好玩，似乎很乐意，不到一会儿的工夫就开始累了，一会儿换位置，一会儿换手。这时，刘女士趁机对他说：“被抓伤后的感觉就这样子，你看，妈妈被抓伤了，只能这样。”

“妈妈疼吗？”

“那我以后不抓妈妈了。”

“不是不抓妈妈，是谁也不能抓了，如果你被别人抓伤也会很疼的。”

可以对宝宝进行现身说法，做一些角色互换的游戏，让宝宝在游戏中，体会别人的不容易，学着站在别人的角度上考虑问题。

妈妈刘女士通过游戏，让淘淘在角色互换中体验到了被抓的疼痛，和被人抓后心里痛苦的感受，也体验到了攻击人的行为是人人不喜欢的。在这样的游戏中，宝宝学会了尊重别人的感受。在做事的时候要站在别人的立场上考虑，角色互换更容易让宝宝意识到自己的错误，并主动慢慢减少攻击别人的行为。

3. 教给宝宝学会与人分享

妈妈给娇娇买了一个跳跳球，经常在小区的街心花园玩，邻居家的娟娟见了甚是喜欢，几次想一起玩。见状，妈妈就建议娇娇主动去邀请娟娟来玩。刚开始，娇娇还是有些不乐意，在妈妈的劝导下最终走过去。

妈妈：“你和娟娟来一场比赛，看谁弹得多好不好？”

娇娇：“好。”

“娟娟，我们来一起玩吧，来一轮比赛，看谁跳得多。”

见有人邀请，娟娟也很乐意地一起过去玩。

宝宝爱攻击他人多是心胸狭隘，性格孤僻下的产物。引导宝宝多与人交往，锻炼宝宝与同龄人交往的能力，让其体验到与人分享的快乐，

是减少宝宝暴力行为的根本。只要从内心上得到转变，懂得与人和平相处了，攻击行为也就减少了。

健康叮咛

宝宝的内心就像一张白纸，父母一定要为他们做好画笔，面对宝宝借咬人来发泄挫败感的不良行为，父母要合理引导，耐心对待，让宝宝从内心真正认识到自己的错误，从动辄动手的不良习惯中走出来。

三、热衷于“打斗”游戏——如何抑制宝宝的战斗欲

经常看到一群男孩玩打斗类的游戏，你追我打，看上去很开心，这实际上表现的是一种不良欲望。很有可能是暴力的前奏，不利于宝宝的成长。

新爸新妈的烦恼

问题：宝宝为什么热衷于打斗？

小杰 5 岁了，平日里最开心的是与其他人打斗，拎着玩具枪，嘴里喊着“杀、杀、杀”地冲进厨房，大喝一声：“不许动，再动，毙了你！”一扣扳机，一粒塑料子弹射在父亲的手腕上，手腕很快黑紫肿胀起来。倍感疼痛的父亲只是咧了咧嘴，笑骂了小杰一句：“你这臭小子。”小杰却以为得了表扬，高高兴兴地跑了出来，端着枪对着院子里的花草一阵乱扫……

宝宝心理大窥视

在父母的眼里，宝宝的这些语言行为颇幼稚，很可爱，因为父母多怀着美好的心态看自己的宝宝，所以很多父母常将此看成是宝宝调皮、聪明勇敢的表现，大不了轻描淡写地说宝宝两句，很少有人将此与“暴力”一词联系起来。

像小杰这一年龄段的男宝宝大多数热衷于“战斗”类的游戏，都有着很高的战斗热情，会自发地组织正反角色，而且会很认真地投入到战斗中，这既有益于宝宝的运动，又能很好地锻炼宝宝的组织、判断能

力，对于宝宝来说，是一项很有益处的活动，但在游戏的过程中，由于宝宝们年纪小，自控能力差，难免会伤及其他宝宝，这让新爸新妈很烦恼。我们眼中纯洁可爱的小天使为何有如此强的暴力心理？专家指出，宝宝有暴力倾向心理，除了遗传因素外，主要受以下因素影响：

首先，男宝宝受到生理因素的影响，天性好动，相对来讲更喜欢玩打斗类的游戏，通过相互追逐能有效地释放精力。而且这个时候的宝宝情绪较不稳定，他们经常会表现得很冲动，这也让宝宝容易从友好的玩耍发展成为战斗场面。

其次，来自影视节目的影响，影视中将暴力包装成勇敢者的行为，宝宝们将暴力英雄视作偶像不足为奇。宝宝们花很多时间在影视节目上，他们一边看暴力血腥镜头，一边嘻嘻哈哈，为那些血腥杀戮的场面喝彩。在他们心里，暴力与享受已混为一谈，慢慢地对暴力就会没有什么感觉。宝宝看的时间长了，便会不自觉地进行模仿。或者有些家庭的家庭成员之间有这样的暴力行为，宝宝长期生活在这样的环境中，就会以这样的方式和宝宝们相处。此外，宝宝和喜欢打仗的小宝宝在一起也会被带动。

宝宝们在战斗游戏中，往往都喜欢扮演正义的一方，这和生活中父母思想中的英雄主义思想有关系，父母往往会不自觉地传递给了宝宝。宝宝在英雄情结的鼓动下，更喜欢玩战斗游戏。拯救好人，惩治坏人的战斗游戏会让宝宝觉得很过瘾，而且别人对英雄行为的赞美也会让宝宝心里很得意，这些都会激发宝宝的战斗欲望。

给新爸新妈的建议

宝宝对他人的言语或人身攻击行为若得不到及时制止纠正，久而久之，一些微不足道的小事就会在他们眼里成为不可调和的矛盾，一旦爆发，后果不堪设想。宝宝有可能会把这样的游戏演变为生活中的暴力事件，这对宝宝的身心发展和行为习惯的形成会产生不利的影响，所以父母要帮助宝宝纠正其战斗欲。

那么，父母如何做才好呢？下边推荐几个方法供参考：

1. 培养宝宝多方面兴趣，远离暴力游戏

小鹏平时主要的游戏就是“战斗”，和一群同龄宝宝打打闹闹，然

而难免会有些磕磕碰碰，摔伤不可避免，还有可能引发不少矛盾。知道这个年龄段的宝宝精力过剩，妈妈于是给他报了游泳班，平时还多陪他玩比较益智的游戏，比如下棋、画画等，慢慢地小鹏不再热衷“战斗”游戏，变得安静起来。

小鹏妈妈通过报游泳班，下棋、画画，让小鹏找到了生活中更多的乐趣，慢慢地远离了“战斗”游戏。宝宝们正是体能充沛旺盛期，父母可以为宝宝适当安排体育运动，帮助宝宝消耗体能。另外多参与一些思维性的游戏，也可以让宝宝远离暴力游戏。

2. 给宝宝定规矩，引导宝宝合理玩耍

路路召集几个小伙伴玩打雪仗，玩之前妈妈给宝宝们开了个小会，“今天阿姨做你们的总指挥，在玩的时候要记住以下3点：

(1) 在战斗过程中要相互配合，被打中的宝宝不能耍赖，要自动停止游戏；

(2) 在追捕时不能有踢、打对方的行为，只要被逮着双手就算是被捉住了；

(3) 有人一旦违反上边两条规定，罚三次不能和宝宝玩，总指挥负责监督你们。”

这次游戏中宝宝们果然玩得很有序，而且没有再发生冲突事件。

妈妈参与到了宝宝的游戏中来，帮助宝宝制定游戏规则，有效地避免了冲突。宝宝这时还小，在游戏中不会组织，容易出现混乱的场面，甚至宝宝们大打出手。这样做能很好地消除隐患，父母也可以在平时交代宝宝一些注意事项，如小心棱角，玩耍时不要用有危险性的工具等。

3. 当宝宝有暴力苗头时，巧妙制止

飞飞和爸爸玩“警察抓小偷”的游戏，飞飞当“警察”，爸爸是“小偷”。飞飞追了10多分钟，仍没有追到，便变得异常生气。于是，找来一根长棍子要进行“报复”，妈妈发现了宝宝有暴力的苗头，赶紧制止，并且帮其出主意，成功抓获“小偷”。

当“小偷”落网，飞飞怒气也消了一半。

当飞飞冲动想打人时，妈妈巧妙出招化解了他的怒气，并帮助他抓到“小偷”。当宝宝冲动的时候，父母要教他们如何快速冷静下来，或转移其注意力。

健康叮咛

爱玩是宝宝的天性，打闹、战斗是宝宝与生俱来的本领，也是宝宝成长必然经历的一个时期，但父母要注意让宝宝玩耍有度，别把游戏演化为暴力冲突。父母要调控宝宝的战斗欲，让宝宝玩耍有度，有节制地玩耍。

四、不高兴时爱发飙——“爱发飙”的宝宝一样能乖

当宝宝在遇到不高兴的事情时，往往会突然发飙。对于爱发飙的宝宝，父母应学会冷处理，同时加以巧妙引导和说服。

新爸新妈的烦恼

问题： 宝宝脾气暴躁怎么办？

3岁的琳琳过生日，一早上起来就吵吵着要吃蛋糕。妈妈好言相劝，说中午大家一块儿再吃。可琳琳根本不听，先是扁着小嘴转身就走，后又很不甘心地坐在地上哭了起来，要么和大人顶嘴，要么乱扔东西，甚至还动手。

就这样，足足闹腾了两小时，全家人都被她折腾的精疲力尽。

宝宝心理大窥视

琳琳这样的行为在宝宝中并不少见，小宝宝大脾气，稍有不顺心，小家伙们就会发飙，他们要么和大人顶嘴，要么乱扔东西，要么转身就走，有时还又哭又闹，严重的甚至会动手。面对宝宝生气、发飙的行为，爸爸妈妈有些不知所措，宝宝这样发展下去可怎么办？

宝宝爱发飙是有原因的，让我们一起来解读一下：

很多时候宝宝是身体不适。一般当宝宝生病、疲劳或者瞌睡的时候，由于身体的不舒服宝宝就会变得比较暴躁，这时一些小小的事情宝宝都会很容易迁怒，这会给宝宝的情绪产生负面的影响，他们往往会用发飙来宣泄自己的不良情绪。

另外宝宝还小，缺乏耐心也是宝宝发脾气的一个原因。这个时期的宝宝一般自我控制能力还比较差，阅历少，在诱惑面前表现的欲望会比成人更强烈，面对喜欢的东西就要马上到手，不能接受延迟满足，这些使宝宝无法耐下心来静静地等待。

小宝宝总是会习惯于模仿大人的一些行为。宝宝的发飙行为很多就是从大人的语气、神态和举止中模仿而来的。父母对宝宝生气、发脾气，宝宝也会以这样的方式来回应父母，或者是家庭成员之间不友好的相处方式也会成为宝宝模仿的例子。

而有时候宝宝发飙又是宣泄内心不良情绪的一种方式，当宝宝遭受挫折时，特别是自己想做的事情被父母所阻止，就会对自己有限的能力而感到伤心难过，这时他们也会用这样的方式来表达内心的伤感。现代家庭多是两代人共养一个宝宝，老人溺爱宝宝是常见的，在这样的不良庇护下，宝宝习惯了为所欲为，有求必应，在这样的放纵教育下，宝宝一旦遇到不能满足的事情，心里抵触情绪就会很高，便会用发飙的形式表现出来，要挟父母满足自己的愿望。

给新爸新妈的建议

宝宝不高兴时发飙，这是宝宝成长过程中的一种正常现象，在了解宝宝发飙的原因后，我们只要合理指引，发飙宝宝也会变为小乖宝的。面对宝宝发飙时，父母们请不要慌乱，不要简单粗暴的对待宝宝，一定要静下心来慢慢与宝宝交流，具体有以下三种方法供大家参考：

1. 帮助宝宝平复情绪

冬天，妈妈和真真去公园玩，真真看到有一个大姐姐已经开始吃雪糕了，真真也吵着问妈妈要，妈妈没有答应真真，真真就待在原地不走了，一会儿又哭又闹，这时，对面的摇摇车响了，妈妈指指说："宝贝，咱们去对面玩摇摇车吧！"真真一下来了兴趣，破涕为笑，开开心心的和妈妈走了。后来趁着真真玩得高兴，妈妈又严肃地批评了真真大冬天吃雪糕是不对的，真真认真地点点头。

真真妈妈用转移注意的方法让真真从雪糕事件的不愉快情绪中走了出来。当宝宝发飙时，家长首要的事情就是要平复宝宝的不良情绪，我们可以像真真妈妈这样转移宝宝的注意力，也可以放一些舒缓的音乐让宝宝转移注意力，而且音乐也能起到很好的镇静情绪的作用，或者给宝宝讲故事、笑话之类的。

2. 对宝宝进行冷处理

有一天，小晋阳看到电视上演喜之郎果冻的广告，就吵着要爸爸给他买果冻吃，爸爸想到经常有这么小的宝宝吃果冻被卡在嗓子里发生意外，不同意给小晋阳买，这下小晋阳生气了，直接躺在地上打起了滚，妈妈假装没看见也没听见，就叫爸爸回房了，丢下小晋阳一个人在客厅里哼哼，小晋阳等了好一会儿也不见父母出来，再等还不出来，便自己起来又玩去了。

父母采取不理会的办法，借口离开了现场，小晋阳感觉到自己发飙也没什么用，就自觉停止了这样的做法。宝宝们都是很聪明的，有时候哭闹只是一种试探，面对宝宝的无理取闹，父母一定要站稳立场，可以借口离开，也可以去做其他的事情，当宝宝看到没指望时就会自己觉得很无趣，会自觉安静下来，停止哭闹。

3. 父母的态度要一致

有一次到中午吃饭时间了，洛洛非要学妈妈炒菜，说着就搬来小板凳准备上去了，妈妈不同意，洛洛很生气的样子，一脚把小板凳踢到了一边去，转身就去找爸爸，爸爸一向最疼爱洛洛，可到现场一看是这个情形，也很严厉地批评了洛洛，洛洛感到自己没有人可依靠了，便不再发飙，爸爸然后很耐心地告诉洛洛为什么不能上去玩，洛洛似懂非懂地点点头。

洛洛妈妈和爸爸用统一的态度，成功地扼制了洛洛的发飙举动。对于三代共住的家庭，在教育宝宝上容易产生分歧，特别是爷爷奶奶，容易纵容宝宝的不良行为，让宝宝觉得有人依傍，这使宝宝在不高兴时更容易向父母发飙，因此父母在管教宝宝时要尽量避开这样的环境和场合。即便态度不太统一也可以不理会，但也不要在宝宝面前表现出来，以免父母一方在宝宝面前失去权威，让宝宝养成不良习惯。

健康叮咛

父母还应该注重自己和宝宝说话的态度，对宝宝少一些命令，多一些商量，这样更有利于亲子交流，相信在充满爱的教育下，您的爱发飙的小孩也一样能变成懂事的乖乖虎。

五、不给买就又哭又闹——越是在公共场合，宝宝越爱哭

有些宝宝爱在公共场合哭闹，而且围观的人越多，哭闹得越厉害，面对窘境大部分父母会陷入两难境地。

新爸新妈的烦恼

问题：宝宝为什么爱当众哭闹？

林女士的宝宝欣欣总是见什么要什么，一次去买魔法棒，可到玩具专柜后又看上了一套芭比娃娃，吵着要妈妈买下来。

妈妈和她商量，两种玩具只能选一样。结果，欣欣开始哭闹，大声叫着“我都要”“我都要”，见妈妈要离开马上蹲在地上大哭起来。

周围很多人停下来看着母女俩，有人还在一边劝，“就给宝宝买了吧”。

这让林女士陷入两难：拒绝，怕伤了她小小的心灵；从了她，下次就会得寸进尺，要求越来越多。

面对宝宝的各种耍赖，林女士实在无计可施。

宝宝心理大窥视

有些宝宝自己的要求一旦得不到满足，就会使出耍赖这一招——撒娇、哭闹、在地上打滚……而且围观的人越多，哭闹的声势越大。这些宝宝性格倔强，有一股“不达目的不罢休”的势头，在这种情况下想要很好地说服宝宝对大多数父母来说都是一个挑战。

宝宝在公共场合哭闹，不要片面地认为这是一种淘气的表现，更不要试图通过强硬手段去杜绝和制止。如果深入宝宝的内心进一步挖掘、体会，就知道这是宝宝该阶段的成长特性。

这个年龄段的宝宝正是“自主观念”萌生时期，最突出的表现就是很有主见，但又没定性：开始与父母顶撞，与父母相持不下，想要这个还要那个，而父母往往是站在成人的角度去与宝宝交流。就像例子中的母女，宝宝凭的是一种主观意念，“芭比娃娃真漂亮”“魔法棒很好玩”，两个都想要；而妈妈则考虑的是，不要那么浪费，有一个就够了。这种思想意识上的差距造成了成人与宝宝行为上很难达成共识。结果就是，宝宝以大哭大闹来表达自己的不满。宝宝与成人永远是有差距的，最重要的就是表现在思维方式上，宝宝完全是靠爱好、情感等感性思维考虑问题，成人是靠理性思维考虑问题。思维方式决定行为方式，这也导致了在被人围观的情况下，宝宝会表现更激烈。

给新爸新妈的建议

宝宝爱在公共场合撒娇，从心理学角度来看是个性偏执、意志薄弱和缺乏自我约束能力的表现。父母在想办法改变的同时，要按规律办事，善于从心理方面找原因，以便在消除不良行为的同时保护宝宝的感情。

因此，我建议大家可以用以下三种方法：

1. 事先与宝宝做好约定

3岁的成成爱乱买东西，为此，每次出门前妈妈常女士都要特意叮嘱，“今天咱们出去只有一个任务，就是给你买衣服”，并让他重复几遍，做出承诺。这样到了商场即使又想买东西也只能忍住。试过几次之后，常女士发现宝宝有时会不开心地扁着小嘴走开，但真的很少闹过。

妈妈成功地利用了成成内心中的责任感，成成面对自己的承诺，虽然心里很不乐意，但最终还是遵守了自己的承诺。像成成妈那样给宝宝一些必要的约定，在约定中宝宝就会慢慢形成规矩，这也是制约宝宝乱买东西的一个好方法。但在给宝宝制定约定的时候切勿要求太高，要考虑宝宝的实际承受能力，循序渐进培养宝宝才行。

2. 对宝宝进行必要的约束

4岁的小凌经常跟着妈妈尚女士去购物，开始的时候总爱要妈妈买这买那的。为了遏制这种坏习惯，尚女士每次在购物前都会与小凌商量：每次只能选一样，而且价格不能超过多少多少。久而久之，她就有了一种意识：我只能要一样，而且价格要适中。

上幼儿园前一天，尚女士给小凌选书包，令她没想到的是，宝宝上来先是看价钱，然后又选了几个样式试一试，最后选中一款，告诉妈妈“这个正好小凌背，不大不小”。

尚女士这种方法就是意识教育，正是通过长期的说教、暗示，宝宝潜意识里就懂得：我不能什么都要。这种教育下的小凌渐渐懂得从价格、大小和样式上来选择东西。

宝宝是可以改变的，只要帮助他在心中培养某种意识，他们的思维就会逐步完善。因此，父母要做的就是对宝宝进行必要的约束，以更好地培养他们自主选择的习惯，避免宝宝在购物时的随意性和盲目性。

3. 即使拒绝也要委婉

有一天，香香和妈妈唐女士去广场玩，看见很多好玩的，香香先要了一个小风车，刚没玩几下就想要布袋熊，妈妈也给她买下了，没走几步又看到会说话的小花狗。唐女士心想，这次一定不能再买了，于是笑着说：“宝贝很喜欢小花狗吗?”

香香认真地点点头，“你今天已经有两个玩具了，妈妈今天的钱也不多了，小花狗等你生日时候送给你好吗?”香香想了想答应了妈妈的话。

唐女士用委婉的方式成功拒绝了宝宝的一再要求，这也说明，在与宝宝交流时方式很重要。父母要以宝宝的感受为准，不要直接拒绝，尽量找一个合适的理由，来让宝宝心甘情愿地服从你。另外，语气上要特别注意，最好用商量的口吻，示弱的语气等。

健康叮咛

儿童由于心理发展还不成熟，对许多事情缺乏认识和判断能力，多少都有点任性。然而，宝宝的任性并不是天生的，而是父母不加约束，放纵教育的结果。这个年龄段的宝宝最缺乏的就是约束，父母在教育的时候要善于为宝宝设置一定的规则来约束其行为。

六、不让看动画片就砸电视——宝宝是否有暴力倾向

大多数宝宝都喜欢看动画片，一看就是好几个小时，父母的阻止会令他们抵触情绪很大，轻者哭闹，重者砸电视。

新爸新妈的烦恼

问题：砸东西是不是暴力行为呢？

4岁的晶晶是个小动画迷，一看就是好几个小时，不吃不喝，不理人。妈妈去劝好像什么也没听见似的。妈妈实在忍无可忍直接关掉了电视机，晶晶一下子急了，顺手将遥控器砸向了电视机。

晶晶的举动让妈妈感到吃惊，不禁感慨道：这样的行为是不是有暴力倾向？

宝宝心理大窥视

当宝宝看电视遭到父母的阻止时，常常以摔遥控器、砸电视以示反抗，那么，宝宝只是想借砸来发泄心中的不满吗？还是有暴力倾向？

我认为，两者的原因都有，其中前者较多，主要是出于内心情绪的发泄。也许你有这样的经历，宝宝在几个月大时也曾出现过摔东西举动，玩玩具玩到一半忽然摔得老远，或者一把抓起爸爸的眼镜、妈妈的发卡丢到一旁。这种发泄是没有任何征兆的，而且具有明显的年龄特点。在反复扔东西的过程中，宝宝不仅能得到情绪上的极大的满足和快乐，而且还能增长不少见识和经验。比如，在扔的过程中意识到自己的

动作和动作对象，还能探索动作的后果，从而可以更好地认识自己的存在，以及与客观物体之间的关系。

当宝宝长大到 3 岁以后，摔砸东西已经不再是一个简单的发泄行为，而且往往还与外界的刺激联系在一起，比如，爸爸的责备，妈妈的阻止。这里或多或少地渗透着些报复的意味，宝宝自制力比较差，遭遇自己不满意的事情不会用正确的方式去宣泄，再加上父母的强大权威会让宝宝感到十分愤怒，因此就会表现出极端行为。

给新爸新妈的建议

砸电视，虽有暴力倾向的征兆，但同时也是宝宝情感发泄的重要途径。因此，父母要反思，自己是否压抑了宝宝的情感。所以，父母教育宝宝不能想当然地按照自己的意愿来，而应科学教养。在父母帮助宝宝从愤怒的情绪中走出来这个问题上，有以下几个办法供大家参考。

1. 改变蛮横的教育方式

当当一直看电视，妈妈一个小时之内提醒了三次了，可当当就是不听，而且表现得极为不高兴，曾几次想动手砸电视。妈妈假装没看见，过了十分钟后，妈妈对当当说：“亲宝贝，和妈妈玩捉迷藏，怎么样?”当当很快就多云转晴，和妈妈玩了起来。

当宝宝情绪不高、心情不好、发脾气时，父母切忌不要一味地责备、批评，否则相当于火上浇油，只会加重宝宝逆反情绪。可以先对宝宝进行耐心疏导，或者干脆冷处理，抑或用转移法等较委婉的方式，巧妙地帮助宝宝走出不良情绪。

对此，父母要做的就是多给宝宝一些关爱尽量满足宝宝的合理要求，当宝宝有不合理的要求时，家长可以采取转移注意力或者冷处理的方式来缓解。家长平时要和宝宝多沟通，引导宝宝用正确的语言去表达自己的想法。

2. 让宝宝学会正确表达情绪

小布也有过因为妈妈不让看动画砸电视的行为，待小布安静后，妈妈告诉小布：“小布，不高兴的事可以说出来，砸电视很容易把电视弄坏，而且妈妈也并不知道你在想什么？你说呢?”再后来，每看到宝宝情绪开始激动时，妈妈就会提醒小布有什么讲出来，慢慢小布习惯了用语言来表达和宣泄自己的不满。

小布妈用耐心让宝宝知道如何表达自己的想法和情绪，而不是摔东西。其实让宝宝表达情绪的方法还有许多，比如宝宝生气时还可以做一些体育运动，用跑一跑，跳一跳来发泄。这些健康的情绪表达不仅有利于宝宝坏情绪的宣泄，而且能很好地锻炼宝宝身体机能。

3. 让宝宝与生气的环境进行隔离

玉玉因与妈妈看动画片的事情，差点把电视给砸坏了，妈妈批评她，她反倒更怒了，边和妈妈顶嘴，边拿起沙发靠枕往电视上砸。

爸爸听着动静不对，很快将玉玉领到了卧室。

玉玉很不高兴地坐在沙发上发呆，过了10分钟，玉玉开始在房子里乱窜，又过了一会儿，玉玉早在那儿开心地玩自己的玩具手枪了。

玉玉爸爸让宝宝离开了妈妈的责骂和让她又爱又恨的电视，宝宝在新的环境中渐渐忘记了不愉快的事情，情绪渐渐平静下来。让宝宝和他生气的环境隔离是平复宝宝不良情绪的好办法，父母也可以领宝宝去户外，面对新鲜空气、新鲜事物和不同的人，宝宝会更容易摆脱不良情绪的困扰。

宝宝是在不断变化中成长起来的，父母要时刻关注宝宝每一阶段的发展状况，当宝宝的行为有偏离正常轨迹倾向时，父母要及时了解宝宝内心的想法，帮助宝宝从误区中走出来，用爱的光芒，照亮宝宝前进的方向。

七、稍有不顺就开始发怒——任性心理的症结在作祟

任性心理使宝宝一遇到不顺心的事就容易发怒，又哭又闹，大耍性子。对待类似的宝宝，父母最重要的是反思自己，改变教育方式。

新爸新妈的烦恼

问题：宝宝为什么易怒？

周先生给3岁的宝宝东东买了一套积木玩具，宝宝兴致勃勃地玩起来。积木越堆越高，到第七层时哗啦一下全倒了。本是很小的事，但东东一下子变得异常生气，将积木乱扔了一地，爸爸好言相劝：“失败了咱们可以重新来，爸爸陪你一起玩好不好？”结果，宝宝不但不领情还埋怨起来，妈妈过来相劝，他反而大哭起来。周先生夫妇对小家伙的“任性”也无计可施。

宝宝心理大窥视

像周先生夫妇的遭遇，做父母的都有类似的经历：小家伙常常为了一点小事，或者根本不知道为什么就无理由、无征兆地哭闹起来，对别人的劝告和制止也不予理会，甚至会变得更加烦乱，闹得不可开交，直到全家人仰马翻，精疲力竭为止。

稍有不顺宝宝就会哭闹，这是为什么呢？儿童专家普遍认为这是任性的心理。易怒很大程度上是1～6岁宝宝秩序敏感期的表现，在此阶

段宝宝的秩序感极为强烈，对周边事物顺序性、生活习惯都有很高的要求，常常会因为秩序被打乱无法适应，从而出现害怕、哭泣，甚至大发脾气的反应。比如，物品摆放位置的变化、空间位置的变化等，都会引起他们情绪上的变化。

再加上心理、生理发展不够成熟，缺乏控制力，在遇到不顺心的事情后，就容易按照性子行事。

另外一点，那就应该找找父母的问题了，有些父母本人就喜怒哀乐反复无常，尤其是宝宝犯错误时，总是大动干戈、暴跳如雷，在这样的家庭环境中成长，宝宝会被潜移默化地影响。

综上所述，宝宝易怒的原因主要来自两个方面，一个是宝宝受制于自身的不完善发育；另一个是父母的不当教育。

给新爸新妈的建议

宝宝易怒的坏习惯如果得不到及时的纠正，会妨碍他们的心理健康。因为长期任性发怒会导致宝宝个性固执、不明事理，无法正确认识和判断事物，妨碍正常的人际交往，难以适应环境，经不起生活的考验和挫折等。

因此，对于父母来说，当宝宝发怒时，首先必须先平复宝宝的情绪，具体来讲可以用以下方法：

1. 先冷后热

秋秋看电视时突然想起要吃糖果，妈妈知道宝宝最爱吃这类食品，所以家里常备着。但宝宝愣是要爸爸去买新的，已经晚上了爸爸不方便出去，秋秋就不依不饶，看爸爸动也不动，就坐在地上又哭又闹，并向妈妈求救。妈妈不予理睬，径自回卧室，五分钟后秋秋自己不哭了，而且开始自己玩起来。

这时，爸爸来到客厅里对秋秋说：“宝贝，在玩什么呢，一起好不好?”

秋秋高兴地说：“好。”

很快她和爸爸玩起来。

有些宝宝哭啊、闹啊多是做给父母看的，这时越对其进行安抚，哭闹得越厉害。索性冷却一段时间，不予理睬，宝宝自己反而会消停下来。当然，这并不意味着你不再关心宝宝，而是应暗地关注，目的是让宝宝知道不是只有自己是焦点，只有自己是最重要的。片刻后当他自己发现没有人关注他时，便会觉得这样做很无趣，自然就会停止哭闹。

当宝宝情绪平静后，父母可以找机会进行一番安慰。如果宝宝主动找你，那要给宝宝一个台阶下。如果宝宝没找你，那就要父母主动找宝宝。在宝宝情绪稳定后，父母再去交流，这更有利于宝宝内心上的接纳。

2. 合理说服

小芸大哭大闹，原因是吃了两根冰棒后还要吃两根，妈妈不同意。受到妈妈的冷落后，小芸在沙发上哭了起来。片刻后，妈妈听见哭声越来越小就走到跟前，这次没有斥责，而是和蔼地说：“吃了两根再吃两根一共几根？”

“4 根。”

“一下子吃 4 根冰棒会怎么样？”妈妈接着问。

“会很凉。”

“对，是会很凉，肚子会怎么样？”

“肚子会疼。”

“那宝宝现在还要吃吗？”

“不能吃了，我不想肚子疼。”

事后，妈妈又告诉宝宝，以后遇到这种情况要好好和大人说，不要发脾气更不要哭闹不休，宝宝非常高兴地答应了。

显然母女俩的谈话取得了良好的效果，小芸逐渐明白了妈妈不让多吃冰棒的原因。这位妈妈的方法很好，她让宝宝知道凡事应该好好说，发脾气不能解决问题，更不能达到目的。

不要把宝宝的发怒当成是一个不可饶恕的错误，要知道这只是宝宝的一种不正确的、过激的表达方式，没有必要一看到宝宝发火耍脾气就气急败坏，不分场合急于纠正，甚至动用武力，这无异于火上浇油。其实，很多矛盾都可以在一问一答中得到化解，一定要先找到发火的原因，再对症下药。

健康叮咛

宝宝的很多习惯都源自家长，有的父母遇事情就爱着急上火，稍有异议就针锋相对，大发脾气。在这样的家庭环境里长大的宝宝多数是爱发火的，每位父母都希望宝宝温和处事，但身教远大于言教，为了宝宝，父母首先要做的就是改变自己。

八、爱欺负同龄宝宝——被误解的“喜爱”之情

很多宝宝有欺负同龄小朋友的恶习，其实这种行为中蕴含的不是恶意攻击，而是善意的爱，只不过用错了表达方式而已。

新爸新妈的烦恼

问题：宝宝为什么爱攻击同伴？

宏宏是幼儿园有名的“小霸王”，每当妈妈钱女士去接他放学时总会接到好多宝宝投诉。“阿姨，宏宏今天抢了我的苹果。”另一个小朋友也抢着说，“还推我。”老师也常说宏宏与其他宝宝相处得不好。

回家后，钱女士常教育宝宝，要和小朋友好好相处，可这些话似乎没什么太大的效果，宏宏辩解：“我只是想跟他们亲近亲近啊。”

宝宝心理大窥视

在小伙伴、老师的眼中，甚至很多父母眼里，类似宏宏的行为都被划入了“一级暴力”行为。是不是暴力，我们不能只看表面，判断宝宝是否有暴力倾向，不能单从行为表现上来看，主要还看内心的主观意愿，从宏宏的话中可以看出这种攻击行为显然不是出于恶意。

心理学研究发现，宝宝爱动手理由很简单，因为动手比动嘴更简单。对这个年龄段的宝宝来讲，口语表达的不完善使得他们更容易遇到什么事情用“手”去解决。从“动手”到“说话”的这个过程，符合宝宝的年龄特征、生理发展特征。因此，动手可以说是本能的反应。这与我们所理解的“成人动手打人”行为还是有天壤之别的。

宝宝之间相互表达喜爱之情，很少是通过语言来实现的，更多是某个细小的动作、某个细微的表情，比如，拍拍对方的后背，推推对方的肩膀等。如果对方不予理会，还会发生撕扯、扯拽衣服，咬手臂等比较恶劣的行为。

可见，宝宝的很多行为被成人错误地定位为暴力行为。

那么，该如何来理解宝宝的这些行为呢？这就需要走进宝宝的内心。

给新爸新妈的建议

宝宝之间常常会因为用错表达方式而被成人误解，作为成人就要学会逆向思维，善于站在宝宝的角度看问题。了解原因后，父母可以有针对性地采取一些措施，给宝宝正确的指导，我们可以这样做：

1. 分析原因，区别对待

强强喜欢看动画，特别是打斗类型的，尤为喜欢奥特曼、葫芦娃、齐天大圣等英勇的角色，从而使得他在与小朋友玩耍时也总是演“英雄”角色。有一次，甚至把一个小朋友打哭了。妈妈告诉强强：“奥特曼、葫芦娃都是用本领来对付坏人的，小朋友又不是坏人，不能这样对待小朋友。”之后强强渐渐地不再对小朋友使用武力了。

打人的原因很多，也许是饿了、累了、一时情急，或是出自习惯等，一切原因都有可能，宝宝出现打人的状况，通常都是有前因后果可循的。当事件发生之后，父母要稍微回想一下，是在什么情境下发生的事情，宝宝为什么会动手，从中可以发现宝宝打人的意图，了解到事情的前因后果，从而为正确决策提供依据，否则，很容易适得其反，事情不仅不能很好地解决，还可能影响到宝宝的情绪。

这就需要父母用心观察宝宝的状态，特别是从什么时候起，宝宝开始变得累了，耐性变得比较差，脾气变得比较大。当然，这有可能就是他的自我控制力开始变差的时候了。如果，就在这时，我们能停止他活动，慢慢地，让宝宝由活动强的状况下，逐渐转换成较慢的活动，或是安静的活动，就有可能降低宝宝的攻击性。如此一来，宝宝自然就会减

少打人的情形。

2. 教给宝宝表达情感的正确方式

白女士领着4岁的宝宝龙龙去逛街，一出门就碰到了邻居家的安琪，龙龙看着安琪手里的小火车甚是喜欢，不管三七二十一上来就抢，安琪不放，龙龙就又推又抓。这时白女士赶忙上来拉住，问“为什么抢安琪的玩具?”

“我喜欢。”

“喜欢也不能去抢，你可以和安琪商量一下能不能借来玩啊!”

龙龙半信半疑的点了点头，第二天，妈妈领龙龙来向安琪道歉，并且还让龙龙主动与安琪交换玩具玩，安琪爽快地答应了。

龙龙“抢”的行为显然不是恶意的，是由于喜欢而不知道如何与对方交流所致。因此，例子中白女士首先指出了宝宝的错误行为，让宝宝有了明确的是非观，然后又列出了具体的解决方案，成功化解了矛盾。

遇到这种情况，父母要告诉宝宝这样做是不对的，然后再协助宝宝去解决。如果实在有什么不明确的，要引导宝宝说出心中的想法，态度要谦逊，语气要和蔼。当宝宝知道了如何来表达自己的思想后，就会逐步理解，并且熟练驾驭。

3. 教给宝宝换位思考

涂涂和冬冬正在玩耍，忽然，冬冬哭了起来，涂涂爸吉先生便过去询问，原来是冬冬的玩具被涂涂抢走了。吉先生夺过玩具便还给了冬冬，涂涂又气又恼叫喊着，而吉先生故意不理，任由他在地上哭。

好一阵子，涂涂的情绪稍稍冷静下来，这时吉先生才问：“小货车哪来的?”

涂涂：“是冬冬的。”

爸爸：“爸爸抢你的玩具，你会很伤心，同样，你抢了冬冬的，对方也会难过，我们是不是不应该这样做啊。”涂涂听了爸爸的话不再哭了，理解了为什么要把玩具还给冬冬，还主动向冬冬道歉。

爸爸让涂涂身临其境地体验了一次被人欺负的感觉，从而让涂涂更加深刻地认识到自己的错误。宝宝还小，做事情他们都不懂得考虑对方的感受，作为父母我们可以像吉先生一样通过换位思考来引导宝宝。

我们常常会发现，宝宝之间会有冲突是因为抢玩具的关系。可以通过换位思考让宝宝互换角色来体验感受，同时，在宝宝游戏时还需要为他们建立新规则，比如，归属的建立，这是谁的玩具，顺序的介绍，是谁先谁后等，以使他们实现短时间的等待与轮流。这都需要我们成人花很多时间和精力来引导。

宝宝在这样的教育中，慢慢就会懂得要体谅别人，学会感同身受，这会成为宝宝未来和人交流的润滑剂。

健康叮咛

对小孩来说，动手比动口更容易为人处世，因此宝宝爱动手打人，尤其是脾气上来时，是很容易发生肢体冲突的。这正是我们要引导宝宝学习的方向，让宝宝逐渐学习控制自己的情绪，学习正确表达自我的方式。

第四章

外表安静内心孤单的孤僻性格：宝宝与外界沟通的渴望

现在的宝宝，除了被父母宠着，还坐享祖辈三代的宠爱，为什么还觉得孤单？一个幼儿园曾做过这样的调查，调查结果显示：7.7％的宝宝认为自己“一直觉得很孤独”；8.5％说“经常会”；21％表示“有时候觉得孤独”；32.8％认为自己“只有偶尔会”孤独；30.1％的宝宝觉得自己“从来不会觉得孤独”。

0～6 岁的宝宝大多不会充分地表达自己的情感和思想，再加上外在环境因素的不良影响、教育方式的不当等，有的宝宝甚至彻底把自己封闭起来，不与人交流，不与人来往。

这些宝宝外表上看起来很安静、很乖，其实，内心往往很孤独。作为父母不要被假象所迷惑，而应该给予宝宝更多的关心，更多的关爱，尤其要多给宝宝一些情感上的安抚。

一、性格过于内向，不爱说话——加强与宝宝的沟通

有些宝宝性格比较内向，不爱说话，面对这样的宝宝父母要善于激发，加强沟通，激发宝宝表达的欲望。

新爸新妈的烦恼

问题：宝宝为什么不爱说话？

姚女士，家有4岁的宝宝田田，由于性格内向，平时不喜欢与人交流。尤其是见到陌生人，比如，家里来了客人从来不主动问好，更是会躲得远远的，问话也不理。即便是在爸爸妈妈的劝说下，也是害羞地低声说几个字。

宝宝沟通能力差，不喜欢和人说话，着实让姚女士一家着急。

宝宝心理大窥视

像田田这样的宝宝在生活中很多，多表现为内向害羞、胆小谨慎，喜欢清静，不爱与人交流，对他人缺少积极的反应。还有一种宝宝，在外不喜欢与陌生人交流，在家里则相当活跃，与父母有说有笑。

每个父母都希望自己的宝宝能说会道，伶牙俐齿，但如今不少宝宝偏偏性格内向，不爱说话。为什么会这样呢？我们不妨先找找原因，通常来讲，有以下三个方面的原因：

1. 缺乏自信

不爱说话的宝宝多是不敢说，感觉自己说不好，从而产生自卑心

理。比如，被周围的人嘲笑，父母要求高，宝宝经常被指指点点，哪句说得对，哪句说得不对等，久而久之就会对自己失去信心。

2. 表达能力差

有些宝宝不说话并不是不想说，而是不知道如何去说。由于父母平时没有刻意教，或者父母本身也不爱说话，宝宝失去了学习的途径。宝宝缺少语言表达的经验，自然也不会说。

3. 环境因素

表达能力的强弱与外在环境有着密不可分的关系，缺乏良好的环境熏陶，语言发展就会相对迟缓。现在的宝宝生活环境有限，与人交流的范围越来越窄，再加上有些父母之间教育不当，宝宝的说话机会更少了。比如，有的父母宝宝还来不及说就替宝宝说了，大大限制了宝宝学习语言表达的机会。

给新爸新妈的建议

宝宝不爱说话，表达能力差，直接的后果就是造成沟通障碍，从而影响到宝宝将来人际关系的发展。再者，对性格的形成也不利，不爱说话的宝宝性格大都内向，甚至自闭。因此，父母要真正重视起宝宝的表达能力训练来，要想让宝宝变得开朗爱说起来，我们可以采取以下三项措施帮助宝宝走出语言困境：

1. 加强训练，激发宝宝表达能力

小超今年3岁，平时不爱与人说话，妈妈发现后在家里和他一起做游戏，小超在游戏的带动下表现得很积极，话也渐渐多了。妈妈会抱着小超讲故事，每天抽时间领小超去宝宝多的地方玩耍，还让小超帮妈妈买东西，慢慢地小超也开朗了，话也多了。

小超妈用自己示范，宝宝学的方法，让宝宝热切地投身到实践中，不但让宝宝学会了在不同场合下如何说话，也学会了与人交往。教宝宝说话技巧，我们也可以让宝宝多看一些语言表演类的电视节目，或者参加一些语言班，对宝宝说话能力的发展也是很有益处的。

2. 为宝宝创造好良好的语言环境

小明妈妈在教小明说话时很有办法，她喜欢领着小明去各种场合，而且遇到人时自己先示范，然后提示小明跟着说。

家里来人，妈妈先问好，小明也会跟着妈妈问好，然后招呼客人喝水、吃东西，小明也会跟着妈妈询问，要不要喝水，递个苹果，“叔叔阿姨吃苹果”，大人们都夸小明能说会道懂礼貌。

小明妈从家庭环境扩展到社会环境，让他在不断的陶冶锻炼中变得说话多了，这为小明提供了很好的语言环境。除此之外，我们还可以让宝宝参与接待客人，让宝宝多交朋友，并多和宝宝谈感受。

3. 帮助宝宝建立自信心

勇勇快3岁了，说话还咬不清字，大都是简单的几个字。多次被同龄宝宝嘲笑，渐渐地他变得更少说话了。

后来，妈妈告诉勇勇“勇勇比爸爸小时候好多了，爸爸现在还是老师呢，只要好好说你以后还能当主持人呢!”

勇勇听后开心了，话变得也多了。

妈妈通过现成的事例和鼓励性的话让勇勇重拾自信，变得爱说话了。要让宝宝保持自信，父母就要多鼓励宝宝，在与宝宝交流时，注意认真倾听宝宝的话，并及时的回应，对宝宝说的话少一些批评和要求，即便是必要性的，也要少一些命令的口气。

说话能力是锻炼出来的，即使天生口拙也无妨，作为父母要对宝宝充满信心，为宝宝创造良好的语言环境，多鼓励宝宝张口，教宝宝一些表达技巧，只要用心教育宝宝也能成为未来的语言家。

二、不善言辞，对人冷漠——让宝宝学会关心他人

宝宝不善言辞，对人冷漠，是缺乏关爱的表现，对于这样的宝宝父母要给予更多的关心，同时也要教宝宝学会去关心他人。

新爸新妈的烦恼

问题：宝宝为什么不懂得关心人？

4 岁的新新非常聪明，谁都夸她有音乐天赋，为此妈妈巫女士早早地将她送往学习班。一天，她前去接宝宝放学，生怕宝宝在雪地上滑倒，看着宝宝走出校门就赶快往前跑，结果一不小心，自己反而摔倒在地上，坐了好一阵才起来。令她感到意外的是宝宝的表现，只是呆呆站在原地，没有一点急切的表情。

此时，一种担忧涌上心头，宝宝为什么表现得如此冷漠，这难道就是现在宝宝普遍存在的高智商，低情商？

宝宝心理大窥视

家长受到伤害，宝宝表现得却很冷漠，这对于在宝宝身上倾注全部关心和爱的父母来说似乎不太公平。但事实是这样的宝宝越来越多，就像新新一样，他们对长辈没有关心，没有关爱。有人曾说，这一代宝宝的情感世界如此贫瘠，令人担忧，从他们内心很难体会到感情的温暖。对于这一现象，在家庭教育专业领域内也有类似的说法，“情感荒漠化”。

本应该天真活泼的宝宝们，怎么会出现“情感荒漠化”呢？我们来深入分析一下其中的原因。

在很多家庭宝宝成了唯一，几个人伺候一个宝宝，什么事情都包办代替，什么事情都肆意放纵。这种“众星捧月”的感觉会让宝宝形成一种错误观念，一切都是应该的。只习惯了被关心、被关注，他们反而不懂得去关心别人、关注别人。

有些父母因为平时工作比较忙，对宝宝的爱只限于物质上的满足，金钱、各种零食、足够的玩具等，而缺乏了一种精神上的给予，比如，关心、爱、亲子交流等。久而久之，父母在宝宝心里也会变得生疏起来。

还有一点也很重要，即父母言行的影响。父母是宝宝的第一任老师，而有些父母本身就做得不好，比如，婆媳关系、兄弟姐妹之间的相处不和谐，夫妻感情不好等，宝宝长期与这样的父母相伴，如何能懂得去关心别人？作为家长自己的言行都如此，对宝宝语言上多一点关爱也于事无补。

给新爸新妈的建议

宝宝冷漠，不懂得关心他人，会造成宝宝人格上的缺陷，最终会影响到健康性格的形成。宝宝冷漠，父母之过，作为父母首先应该反思，反思自己的一言一行、一举一动，是否真正地关心过宝宝，是否真正地为宝宝做了一个好的榜样。

1. 给宝宝多一点精神上的关爱

幼儿园举行跑步比赛，绵绵不小心摔倒了，宝宝们都怕落后匆匆绕着跑开，只有小丽停下来去扶起，事后老师问小丽：“你帮助同学时不怕落后吗？”小丽说：“妈妈告诉我帮助人的宝宝都是好宝宝。”老师听后着重表扬了她。

这个事例从侧面反映出小丽妈妈教育的成功之处，正是由于平时的正式教育才使得宝宝能把乐于助人的美好品质驻留在心里。对于宝宝的教育，父母应多一些精神上的关爱，少一些物质上的诱惑，防止给宝宝纯净的内心早早套上功利的枷锁。父母可以给宝宝买书籍，带宝宝出去郊游，参加义务活动等，尽可能多地创造净化心灵的机会。

2. 让宝宝懂得只有付出才能得到

阚女士每天下班后直接接宝宝权权放学，宝宝总是让她背着走，背着宝宝还得一手紧攥办公包，每当回家自己累得气喘吁吁。这天，在宝宝要求背之前，阚女士提了一个小小的要求：帮妈妈拿着办公包，先走十五分钟。

听了妈妈的话，权权拎起包，一直走了十五分钟，回去权权感到好累。再后来权权不再总让妈妈背自己了，回家还会询问妈妈累不累。

宝宝对他人冷漠，只是不理解别人的付出和不易，阚女士的做法直接让宝宝体会了自己的辛苦。小宝宝有时候是非常懂事的，只要你方法得当，他们很容易接受。父母要让宝宝多做些力所能及的事，让宝宝在劳动中体会别人的付出，别人的艰辛，自然宝宝慢慢就会有所转变。

3. 成为宝宝心目中的榜样

蓉蓉妈妈是朋友、同事眼里有名的好女人，奶奶因病躺在床上一年了，蓉蓉妈妈一直用心照顾，朋友有困难也总会热心帮助。蓉蓉从小就看在眼里，在家里也会为父母着想，经常帮妈妈做事，分担家务，对待其他宝宝也是表现的友爱、热情。

蓉蓉妈为蓉蓉的成长树立了很好的榜样，在妈妈的身教感染下，蓉蓉也成为一个热情、开朗的宝宝。宝宝的行为很多源于父母，父母平时就要做一个关心他人的人，逢年过节多给老人买东西、送礼物，对于困难中的朋友和同事多帮助，这样的父母自然不会教育出冷漠、不爱答理人的宝宝。

健康叮咛

宝宝的人格教育关系宝宝一生的发展，父母有责任和义务为宝宝扫清冷漠、不爱答理人这些健康人格发展的障碍，从而让宝宝在爱的教育中，变得热情、大方、有爱心。

三、宝宝喜欢独处，不合群——把宝宝推出去积极交往

有些宝宝不合群，喜欢独来独往，这是性格缺陷，父母要帮助宝宝走出怪圈，还宝宝一个健康快乐的童年。

新爸新妈的烦恼

问题：宝宝为什么沉默不语？

黄女士的宝宝萤萤3岁多了，刚入幼儿园，老师反映宝宝总是独来独往，上课不与同学说笑，下课也总是自己玩滑梯，幼儿园的集体活动也不积极主动参加。回到家后，黄女士也发现宝宝沉默了许多，喜欢一个人画画。

黄女士很不解，宝宝喜欢独处的原因是什么？有什么不好吗？

宝宝心理大窥视

从萤萤的行为中，我们可以看出不合群的特征：沉默寡言，不爱主动与人交往，不喜欢参加集体游戏，喜欢一个人玩，在陌生的环境中，面对陌生的人会表现出少有的恐惧、胆怯等。

在心理学上，不合群是一种性格特征，不合群的人大多性情孤独怪异，难与常人相处。这是在与同龄人交往过程中表现出来的一种封闭心态。这种心态会成为宝宝学习新知识、适应新环境的绊脚石，甚至会让宝宝养成性格上的孤僻。宝宝不合群不可轻视，面对这样的情况父母要积极加以纠正。

接下来让我们来探讨一下宝宝不合群的真正原因。

首先，生活环境是养成宝宝性格孤僻的重要原因，比如，不少宝宝从小就在生活相对狭小的空间中，每天接触的人有限，除了父母几乎没有别人。这样的宝宝常常表现得比较安静、胆小，对新事物适应缓慢。如陌生人给他新玩具会表现得无所谓；其他小朋友主动与其打招呼，却视而不见等。

其次，与父母管教严厉也有关，有的父母成天板着面孔对待宝宝，因一点小事常严厉斥责宝宝，宝宝心情总处于紧张状态，这会使宝宝对父母望而生畏，会大大压抑宝宝的情绪，甚至导致宝宝更加不愿说话。

最后，长期对某一事物或某一人依赖，也会降低其与他人相处的积极性，比如，有的宝宝特别依赖妈妈，有的宝宝特别爱看电视，玩某种玩具。久而久之，就会对这些人或物形成依赖，对周围事情漠不关心，不屑于与其他人交流，与其他宝宝玩耍，非常反感他人的干扰，否则就会表现得心情烦躁。

给新爸新妈的建议

心理学家认为，每个宝宝个性的发展都是一个社会化的过程，离不开人与人之间的相互作用。父母要教给宝宝最基本的处世原则，当宝宝喜欢独处，不愿与人相处时，父母要积极把宝宝推出去，让他在潜移默化中体验人和人之间的正常关系，克服孤僻性情，形成良好的个性。具体来讲，可以这样做：

1. 扩大宝宝的活动范围

西西总是爱一个人自己玩，从来不找其他宝宝玩。为扩大宝宝的交际圈，妈妈最近经常带她出去，去广场人多的地方看热闹，去参与宝宝们的游戏，去参加别人各种聚会活动等。慢慢地西西对参加这些活动表现出很高的热情，开始主动要求妈妈领她出去玩。

西西妈用领宝宝参与公共活动的方法，让西西逐渐喜欢上了与人相处，感受到了与同龄宝宝在一起的快乐。宝宝喜欢独处、不合群与生活圈子小，生活内容单一有很大关系，让宝宝扩大活动范围，多长长见识，可以让宝宝乐于融入集体环境中。

2. 鼓励宝宝积极参与

老师反映露露在幼儿园总是太孤僻，交流比较困难。回家后妈妈对露露说："咱们重新玩一下学校中的游戏怎么样，你当老师，妈妈当学生。"

露露欣然答应了，宝宝提问题，妈妈都主动回答，而且还假装和同学辩论的场景。接下来，角色互换，露露也学着妈妈的样子当学生。

第二天，老师提问时，露露开始主动回答问题，对课堂问题再也不那么抵触了。

露露妈的鼓励大大激发了她参与的热情，从而建立了积极参与的信心。多参与就能大大改善，很多时候宝宝参与公共活动的积极性不高，就是因为内心的胆怯。这时，父母要鼓励宝宝，帮助其建立自信心，让宝宝积极参与到其中去。

3. 训练宝宝的交往技巧

明明是个胆小的宝宝，每当在与同伴玩时总是默默站在一旁。一群宝宝在跳方格，明明很感兴趣地看着，却几次不敢参与进去。爸爸鼓励明明说："上次不是和爸爸玩时还赢了爸爸吗，不如和小朋友们一起玩吧。"明明被爸爸半推半就上场了。结果表现很出色，再后来，明明主动要求和其他宝宝玩跳格子。

明明爸通过游戏的方法增加了宝宝参与活动的技巧。让宝宝在参与时"有法可依"，父母可以为宝宝安排一些促进交往的活动，如约定宝宝玩，先约定一个，再慢慢扩大交往队伍。也可以给宝宝讲一些关于如何交往的小故事。

4. 提高宝宝的表达能力

范范妈妈平时总爱说一些话题让范范辩对错，不知不觉中范范成了小小辩论手，一遇到事情总会有滔滔不绝的话，还很会思考问题，幼儿园集体活动和回答问题时表现都很活跃。

起初，每个小宝宝自然都是不懂得关心他人的，口语能力是人交际的核心。说话能力对交际的成功与否起着很大的作用，父母可以在平时生活中为宝宝提供一些锻炼说话能力的机会，如提一些不正确观点让宝宝反驳，让宝宝在家里演讲。对于语言能力很差的宝宝可以适当参加一些语言班的培训。

5. 让宝宝学着多与别人交流

强强平时不爱搭理人，这天妈妈特意安排邻居小朋友来家做客，并让强强学着招待，送水果、端水。完了还让两个宝宝一起玩，不一会两个宝宝就玩熟了，邻居小朋友再来时强强都会像小主人似的主动招待了。

强强妈通过为强强安排招待客人的场景，让他学会了如何与人相处，如何与人交流。父母要尽可能为宝宝创造接触他人的机会，比如，参加聚会，让宝宝多与同龄人玩耍，出门遇到邻居、朋友、亲戚要提醒宝宝和别人打招呼等。多鼓励宝宝与人接触，能最大程度地锻炼宝宝关心他人的心境，慢慢地这种心境就会转化为行为。

健康叮咛

改变宝宝不合群，爱独处的性格不是一朝一夕的事，父母要有信心，有耐心，用心对待宝宝，巧引导，加强平时训练，宝宝一定会成为一个乐于和人交往，并活跃于群体活动中的好宝宝。

四、脾气倔强，爱生闷气——鼓励宝宝“说”出来

小宝宝也是很有脾气的，他们有时候还会生闷气、不理人，宝宝总这样对成长是极为不利的，父母要鼓励宝宝把自己的不满和想法勇敢地“说出来”。

新爸新妈的烦恼

问题：宝宝为什么动不动就爱生闷气？

在妈妈连女士的眼中，5岁的小洁是一个倔强的宝宝。一天，连女士正忙着做面条，小洁看着很有意思就喊着也要做，遭到拒绝之后就闹起来，先是哼哼唧唧，看妈妈没有一点松口的意思，便跑回自己房间关上房门生闷气，吃饭时任妈妈怎么央求也不出来。

小小宝宝就这么大脾气，连女士不禁为此担忧起来。

宝宝心理大窥视

遇到不顺心的事情生闷气，对于一个宝宝来讲这似乎有些不正常，按照我们常人的思维，远远不如大闹一场或者大哭来得痛快。然而，偏偏有些宝宝宁愿把怒气埋在心中，但这种做法将使得情绪受到极大的压制。

脾气倔强，爱生闷气，不该是一个3～6岁宝宝应有的特点，可为什么仍有如此多的宝宝这样做呢？据笔者多年的观察和研究发现，主要有两方面的因素：

1. 宝宝自身

这个时期的宝宝语言表达能力还比较弱，人际交往能力没有得到完善的发展。在面对挫折、失败、失意时，不知如何合理表达和宣泄自己的情绪。有的是没有勇气去表达，也没有别的办法改变这样的局面，这种情况下，宝宝只能把情绪保存下来，独自面对。还有一种情况是当宝宝发怒时父母没有合理疏通。很多父母在面对宝宝的无理要求时，常常简单粗暴的对待宝宝，要么会强硬的拒绝，甚至还会骂宝宝，这其实是点燃了宝宝生气愤怒的火焰。还有一种情况，宝宝在和别人出现交流障碍时，父母疏于关注，没有为宝宝解开心结。

2. 父母的溺爱

宝宝脾气倔强、爱生闷气，源于父母的溺爱。在溺爱中长大的宝宝习惯了被人顺从和满足，对自己的想法就形成了不达目的不罢休的习惯性思维。这样的宝宝脾气倔强是自然的，而且常表现出情绪不稳定，容易生气。有的宝宝是在效仿大人，有些父母自己是遇到不高兴的事情或者是夫妻之间相处时总是易怒，还会转身就走，把自己关在房里生气，宝宝也会被传染，在与父母的交往过程中“以其人之道还治其人之身”，在和宝宝相处中遇到不开心的事，首先想到的也是待在小角落自己生气。此外，宝宝生闷气还和宝宝不善于表达有关系。

给新爸新妈的建议

宝宝脾气倔强，喜欢生闷气，必然使得情绪淤积，从心理健康角度来说，无论好情绪还是坏情绪都必须最大限度地释放出来，如果得不到尽情的释放对整个身心、性格的发展都极为不利。因此，宝宝有情绪，父母必须引导宝宝释放出来。

作为父母，我们最主要的工作就是鼓励宝宝“表达”出来，具体来讲，可按照以下提供的三个方法进行：

1. 善于化解宝宝的心事

4岁的小雪，看到同龄宝宝骑着漂亮的自行车也想要一辆。但没有直接向爸爸妈妈要，而是一言不发，生闷气，一连几天闷闷不乐。蒙在鼓里的父母一筹莫展，终于在一个偶然的机会明白了原委，当时她正在看着别人的小车发呆，至此夫妻俩才知道了宝宝的心思。

第二天，小雪就得到了一辆崭新的小车，同时还夹带着一张纸条：“送给宝贝的礼物，同时爸爸妈妈也有一个小小的请求，希望宝贝答应，以后有什么事情先跟我们商量。”

爸爸妈妈通过细心的观察才得以知道小雪的心思，通过耐心的交流既满足了宝宝的心愿，又化解了她许久的闷气。

脾气倔强，爱生闷气的宝宝往往比较轴，爱钻牛角尖，这个时候父母的“化解”工作就显得非常重要，同时由于这种情绪具有隐蔽性，父母还需要仔细观察，善于体会，力争从宝宝细小的举动中看出端倪。

2. 培养宝宝积极表达的习惯

诗诗是个性格内敛的宝宝，平时很安静，就连生气时也看不出什么异常。为了改善这种情况，妈妈总是引导她表达自己的想法，无论做什么事情总要有意识地强调哪里做得对，哪里做得不对，最后还要认真总结一下。

这样的一番引导后，诗诗也善于表达自己的想法了，遇到不高兴的事情总是第一时间找妈妈商量。

语言表达是释放情绪的最佳渠道，一个不善于表达内心思想的宝宝肯定无法很好地释放自己的情绪。就像例子中的诗诗，如果没有妈妈的引导所有的想法就会永远藏在心里。

诗诗妈最成功之处就是激发了宝宝的表达欲望，通过躬亲示范和强化引导，让宝宝真正体验到了语言表达带来的成就感和满足感。宝宝学会用语言表达自己的想法，也就找到了情绪的出口，坏情绪自然就不会堆积在心里，也不会自己生闷气而想不开了。

3. 帮助宝宝冷静下来

小宇5岁，对爸爸初先生做的任何事都表现出极大的兴趣，周末爸爸修水管，他来“帮忙”，拿起这个，放下那个，小手不停地鼓捣着。爸爸让他一边玩去，可他就是不听，最后爸爸怒冲冲地说：“小屁孩，离得远远的。”

这下小宇可生气了，爬到沙发上就生起闷气来，妈妈爸爸没有急着去安抚，十分钟、二十分钟过去了，小宇渐渐不哭了。

初先生在宝宝小宇生气时，为他创造安静的环境让宝宝静下心来思考，这样有助于宝宝舒缓躁动的情绪。面对这样的情况父母除了用不打扰宝宝的方法外，也可以用转移宝宝注意力、隔离宝宝的方式让宝宝冷静下来。然后再进行询问和教育。

让宝宝学会自我安慰是很重要的，要教会宝宝乐观离不开健康、和谐的家庭氛围，家人间交往上遇事要乐观面对，父母在生活中要保持乐观的情绪，也可以有意传授宝宝一些机智、幽默的应答和相处方式。

健康叮咛

随着宝宝年龄的增长，他们的个性越来越强烈，情绪会更加的不稳定，稍稍有不开心或者让他不顺心的事就会生闷气。宝宝生气，作为父母在态度上，首先要允许宝宝表达愤怒，否则很可能引起身体的疾病和心理问题。然后再想办法去改变、去矫正，直至问题得到解决。

五、个性太强，易受挫折——让宝宝少走一点弯路

有的宝宝个性很强，不达目的不罢休，可是这种个性也会让宝宝很容易受挫折，所以别让宝宝执着变为“执拗”。

新爸新妈的烦恼

问题： 个性过强的宝宝到底好不好？

冰冰今年3岁了，2岁买衣服就要选自己喜欢的，而且是只要冰冰选中的就必须买，要是不遂心愿就哭闹不止。经常会惹得父母很生气，有时候还会提一些无理的要求，就算是父母对冰冰责骂甚至动手也不屈服。冰冰的父母真是发愁，家里有一个这样的“小祖宗”可真难伺候，宝宝这样一直发展下去可怎么办？

宝宝心理大窥视

像冰冰这样的宝宝日常生活中为数不少，很多宝宝从小个性很强，爱被人表扬，被人捧，事事要求比别人强。

宝宝个性太强，难以管教，这是长期困惑很多父母的一个难题。要想从根本上解决这个难题，我们需要明确宝宝为什么那么要强？

宝宝个性强多与生活环境有很大关系。独生子女的生活环境，没有兄弟姐妹的分享，习惯了好吃的全是自己的，好玩具也全是自己的，慢慢使得宝宝的独占意识膨胀，自我中心加强。再加上宝宝没有社会和集

体生活的经验，不懂得如何和别人相处，因此就会变得很自我，个性强烈也是很自然的事了。另外有些父母对宝宝没有正确的教育观念。有些父母由于生活压力认为社会竞争就是弱肉强食，认为未来社会宝宝们竞争会更为激烈，所以从小就教育宝宝和别人去争去抢，试图通过这样的教育方式来提高宝宝的社会生存能力。还有些父母总是对宝宝的要求很高，宝宝长期在高标准的要求下，对自己要求也很苛刻。还有一部分父母平时只重视宝宝的知识教育，而不注重宝宝品德教育，任由宝宝个性随意发展，使得宝宝只注重自己的感受，而不懂得体谅别人。这些错误的教育观念都会助长宝宝的强个性。

个性太强的宝宝往往有思想，有主张，有自信，富有冒险精神和进取心，但这样的宝宝同时也容易变得专横、任性，这会成为宝宝成长路上的绊脚石，会让宝宝容易遇到挫折。所以想办法让宝宝少走一点弯路是很必要的。

给新爸新妈的建议

如何帮助个性强的宝宝，让宝宝成长的过程中少撞一次墙，少走一点弯路，少遇一点挫折，是落在父母肩上的重任。合理科学的教育方法是很重要的，下面提供几点献给困惑中的父母。

1. 不要过于溺爱宝宝

路路妈妈由于工作原因被调往了外地。爸爸也是个不会照顾自己的人，很多事情还得路路帮忙，妈妈不在的日子，路路学会了扫地、擦桌子、叠被子，路路感受到了劳动的不容易，懂得了要珍惜别人的劳动成果，也学会了要关心照顾家里的人，会经常给妈妈打电话问长问短的，还会向妈妈请教一些生活问题。大家都说路路懂事了，不再像以前那样任性了。

妈妈不在家的这段时间里，路路通过自身的体验学会了体谅别人，关心家里人，个性也变得“柔和”了。改变个性强的宝宝，最好的方法就是让宝宝眼里装下别人，这样宝宝在做事时才能更合理的思考，避免宝宝为所欲为和目无他人的心理。具体说父母也可以对宝宝多进行一些言语上的教育，“这样做你觉得别人会怎么想?”去上学要嘱咐宝宝“小心汽车，和同学玩要注意安全”等。

2. 引导宝宝接受不同的意见

妈妈教毛毛折纸飞机，毛毛也学着妈妈的样子有模有样地折了起来，但飞机折得很不整齐，而且任由毛毛使劲往出扔就是飞不起来，毛毛急得都哭了，后来，妈妈说："毛毛，妈妈给你的小飞机加点油它就能飞了。"毛毛这才松手给了妈妈，看着妈妈重新折的小飞机，毛毛对妈妈说："原来是这样啊。"以后毛毛遇到困难的事情就会主动向父母请教了。

妈妈用委婉的说法让毛毛接受了妈妈的帮助，毛毛尝到了甜头，从此乐于听取别人的意见。父母在给宝宝提意见时要注意说话的方式方法，个性强的宝宝，父母生硬的说宝宝"不对""不好""跟我做"这样的话会让宝宝很没面子，伤害宝宝的自尊心，父母在说话时要注意语气要温和、表达要委婉，父母也可以自己假装无意示范，让宝宝有意接受。当宝宝尝试到听取别人的好处时，会慢慢减少抵触的心理，慢慢就会积极主动的接受别人的意见了。

3. 教宝宝少和别人比，多和自己比

小英来到绢绢家，开始两位妈妈让两个宝宝接唐诗，几个回合下来，小英说不上来了，急的脸都红了，还是没说上来，眼泪直在眼眶里打转。一下午小英都很不开心，回家后妈妈对小英说："其实小英今天已经背的很好了，你忘记了上次妈妈问你时你只会三首，今天背了五首呢！"小英听了妈妈的话，开心地笑了。

妈妈教育小英要和自己比，当小英这样想时自然就轻松了很多。所以说对于这些个性强的宝宝，父母不要让宝宝总和别人比较，这会给宝宝施加一些不必要的压力，其实宝宝只要是比从前的自己进步就好了，这样的目标对于宝宝来说，既可行又实际，也能有效避免宝宝因目标太高办不到而承受挫折。

宝宝个性太强不全是坏事，重要的是用科学的方法教育引导，这样才能够扬长避短，让宝宝的人生之路走得更顺畅。

六、在家似虎，在外似猫——强化宝宝的社交力

很多宝宝在家专横独霸，很厉害，可出去却表现得十分胆小，宝宝为什么会有这样在家似虎，在外似猫的反差现象？父母如何才能提高宝宝的社交能力？

新爸新妈的烦恼

问题：宝宝为什么会判若两人？

旺旺3岁，平时在家里就是个小老虎，家里的“小老大”，说什么就是什么，全家人必须无条件服从。可一到外边就成了只小猫，做事缩手缩脚，说话细声细气，回答别人的话声音都很小，而且也不敢和宝宝们玩耍，总是赖在妈妈的身边，马上就要上幼儿园了，宝宝这样可怎么办，父母很担心。

宝宝心理大窥视

在家能说会道，活泼可爱，在外却胆怯羞涩，小心谨慎。我们常说，宝宝性格一般有两种：偏外向和偏内向，偏外向的性格类似于这类宝宝在家中的表现，偏内向则类似于在外的表现。外向或内向，都是宝宝性格的一种表现，没有什么好坏之分，但是像这种处于两个性格极端的宝宝实属异常。该以什么标准来教育宝宝，这些判若两人的宝宝们自然给父母出了道难题，那么，为什么会出现这种状况呢？笔者认为主要与父母的过于溺爱有关。经验表明，被宠爱的宝宝普遍缺乏社交能力，或者他们的社交能力发展极为有限，往往局限于某个范围或某人群中。

而现在的宝宝社交场所大多集中在家中以及社区周边的地方，面对最多的是父母、周围最亲近的几个人。自然地，宝宝就对这些地方、这些人产生了依赖性。如果偶然换个陌生环境，面对陌生人，他们往往就会不知道如何交往，显得很茫然，无从下手，从而表现得焦虑不安，腼腆害羞。

习惯了父母的顺从，习惯了固定的环境，一旦脱离这个特定的环境，没有父母家人的陪伴，宝宝很容易就会失去独立交往能力，出现矛盾不知道如何去处理。这样就形成了内外反差较大的表现。

另外，这也与父母缺乏培养宝宝社交观的意识有关。“望子成龙，望女成凤”是现在大多数父母固有的心理，这种心理使得父母们只注重对书本知识的灌输，而忽略了社交观念的培养。在这种倾斜的教育理念中，宝宝自然也就与社交活动脱离，这也为宝宝的交往能力发展埋下隐患。

给新爸新妈的建议

内外的强烈反差突出反映了宝宝的社交能力差，每个人都是社会中人，不可避免地需要与各式各样的人打交道。因此，正确社交是人生中必不可少的一堂课，况且对于3～6岁的宝宝而言，他们正处在社交能力发展的初期，必须有个良好的开端。所以，当发现宝宝有这种不平衡的社交状况时，作为父母尤其要引起注意。

增强宝宝的交际能力是教育中非常重要的一项内容，那么如何来加强这一项能力呢？列出以下几个方法供大家来参考：

1. 培养宝宝的独立性

钱女士4岁的宝宝格格，在家人眼中是个很活泼的宝宝，可出门后就变得异常黏人，紧紧贴在妈妈身边。钱女士意识到这是缺乏独立性的表现，为此，她给宝宝制订了一套系统的生活计划，让她帮做一些力所能及的事情，并试着处理自己的事情，尤其是外出时不要过于黏人。

培养起宝宝的独立性是父母在教育过程中的重中之重。那么，如何来培养呢？最有效的、最简单的就是教宝宝从身边的小事做起。就像钱女士一样，在日常行为中为宝宝制订一些计划，只要是宝宝自己能做的事情，父母要放手让宝宝去做。即使宝宝做得不好，也要对宝宝给予鼓励和支持。

2. 为宝宝创造参与社会的机会

3 岁的南南见到陌生人就变得胆小，为了锻炼宝宝的胆量，妈妈伊女士特意让宝宝多与陌生人接触。

妈妈：“南啊，我们迷路了！”

南南：“怎么办啊？”

妈妈：“找路边的人问问。”南南显得很为难，妈妈鼓励说：“大人更愿意帮助小宝宝，你又懂礼貌，而且平时在家里那么能说会道，这点小事应该不算什么吧！”

受到鼓励的南南很勇敢的跑过去问人，有了这次与陌生人交往的成功经历，宝宝在慢慢变得大胆起来。

通过询问路人的事件，小南南成功地体验了与人交际带来的快乐，也为自己良好的社交开启了大门。其实，很多宝宝见到陌生人就变得胆小是因为缺少更多的锻炼机会，父母要多带宝宝到公共场合，多参加一些与宝宝相关的社交活动；也可以带宝宝去旅游，还可以去游乐场等。总之，要能让宝宝见多识广，习惯人多的场合，习惯在众人面前表现自己即可。

3. 鼓励宝宝多与同龄人在一起

4 岁的芊芊和妈妈汪女士来到公园，芊芊看到一群与自己大小差不多的宝宝在玩皮筋。要知道，芊芊非常喜欢这个游戏，因此看得很入神，可五分钟过去了愣是没有勇气参与进去，因为她不敢前去与小朋友们打招呼。汪女士看出了宝宝的心思，便说：“芊芊，妈妈觉得你可以向小朋友打个招呼啊，快去，和大家一起玩吧。”

听后，芊芊很开心地走过去，大家也欣然接受了这个新伙伴。

汪女士在芊芊没有勇气参与到小朋友的活动中时，及时地鼓励她，从而增强了宝宝的自信。对于宝宝来讲，想在陌生人面前变得自信、勇敢，也许差的就是一点点成人的鼓励。所以，父母的鼓励对宝宝的成长是非常重要的，父母要及时点出宝宝的长处，再给宝宝些鼓励性的话语，比如，“你一定行”“你很棒”之类的话，以此来建立宝宝的自信心，增强宝宝参与集体活动的勇气。

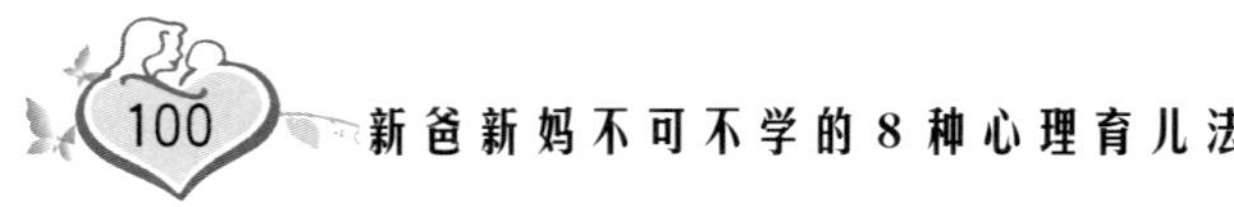

对于习惯待在家里的宝宝来讲，他们一时难以适应外面的环境。父母在教育宝宝的时候要考虑到这种差异，循序渐进，逐步引导，给宝宝一个适应的过程，当宝宝适应了所到之处，自然也能像在家里一样活泼大方，自如交往。

第五章

美丽而不失真的撒谎行为：宝宝“希望被重视”的心理需求

“儿童是天真无邪的、纯洁的天使。”对这句话任何人都不会有异议。但如果机械地理解，盲目认为宝宝就不会撒谎，或者说一旦撒谎就说明出问题，有不良动机等，那可就大错特错了。所有的宝宝都会撒谎，澳大利亚资深记者伊恩·莱斯利根据多年采访和研究撰写了《天生会说谎》，他在书中提出，宝宝 3 岁时就学会说谎，目的是为保护自己。为体谅他人，为摆脱困境，有时候每个人都会说谎。

宝宝说谎出于多种目的，比如，想拥有期盼已久的玩具，或犯了错误怕被妈妈批评，或纯粹为了开玩笑等，宝宝都有可能说谎。我们不能简单地以是否撒谎来给宝宝下定论。

宝宝的谎言绝大部分源于自己的想象、愿望、无知，偶尔有出自辩解或引人注目的目的。无论哪种都不是真正意义上的谎言，而是其成长过程中一个必经阶段。

谎言的背后，可能是宝宝希望得到更多的重视，更多的理解。作为父母要对宝宝多一点理解、爱心和耐心，告诉宝宝说谎不是达到目标的捷径，只有通过正确途径才能满足需要。

一、宝宝明知犯了错，死不承认——怕挨批评的防御性心理

宝宝都有刻意回避惩罚的心理，当意识到自己可能做错了事后，必然会用一些“谎言”来取悦于父母，进行防御。

新爸新妈的烦恼

问题：宝宝为什么明知自己犯了错，仍不承认？

齐女士的3岁宝宝楚楚在屋里扮“侠客”，上蹿下跳，一不小心将饭桌上的盘子打碎了，饺子撒了一地。见妈妈碰巧没看见，楚楚便故作镇定，乖乖地坐在沙发上，齐女士闻声赶来：“饺子是你弄撒的吗？”

“不是我，是小猫。”

“小猫不正在阳台上睡觉吗？”

“就是小猫。”

见楚楚嘴硬，齐女士也没再继续盘问下去，只是轻描淡写地说句：“小猫比你乖。”

也许正是这句话，小楚楚在吃饭期间一直闷闷不乐。

宝宝心理大窥视

这类谎言源于这样一种心理：“如果我承认，会被认为是坏宝宝，甚至还有可能被惩罚。”尤其是曾被父母训斥、惩罚的宝宝更是如此，为了逃避惩罚自然而然地捏造谎话来掩饰错误。

这是人趋利避害的一种心理反应，而且这种反应不会因为宝宝年龄

小而有所减弱。3岁以后的宝宝已经有了判断是非的基本能力，当他们做了错事会本能地害怕随之而来的惩罚。由此可见，这种表现是宝宝在成长过程中呈现出来的共同特性。

曾有一项相关的调查研究显示，儿童的说谎与年龄有关，2岁时说谎的宝宝占到20%；3岁时达到50%；4岁时接近90%；而到12岁后这一数据由顶峰逐渐回落；16岁时回落到70%。仔细分析一下就能发现，3～6岁是宝宝说谎的高峰期，这是因为此阶段的宝宝头脑相对简单，思维方式与成人有很大的区别。在他们心中并没有明确的对错观念，遇到任何事情都不会像成人那样去多角度考虑，因此我们可以断定这种谎言是无意识的。

给新爸新妈的建议

尽管这类谎言是宝宝成长过程中的重要表现之一，属于正常反应，但父母仍然应引起重视，并抓住时机正确引导，进行说服教育。发现自己的宝宝说谎后，父母千万不可盲目地批评、一味地惩罚，可以用一些特殊的方法与宝宝交流，运用常人的常规思维是不可行的，需要运用一些特殊的方法。比如，暗示、讲故事、做游戏等，用一种宝宝更容易接受的形式贯穿于谈话中，一般有以下三种方法：

1. 震慑法

甘甘3岁了，刚买的玩具被他扔得七零八落，到处都是，甚至随意破坏。妈妈王女士对小家伙说：“甘甘，自己的玩具要注意保护，以后不要乱扔好不好。”

不承想，小甘甘拒不承认，甚至开始狡辩起来，显得非常认真。对此，王女士更加生气，气的不是宝宝拆坏了玩具，而是认错的态度。

“不敢认错，一次两次是小，但如此下去就会养成不良的习惯”，于是王女士一改平时和蔼可亲的样子，严肃地说：“宝宝，这样做对吗？”

甘甘见妈妈认真起来，也收敛了很多，乖乖地承认错误。

“知道为什么错了吗？”

“破坏了玩具，还说了谎。”

妈妈仍然继续说，直到宝宝认识到问题的严重性为止。

对于宝宝来讲，父母立场越鲜明威慑力越大，当你发现宝宝说谎只是为了掩盖他的错误时，就应该立刻清楚地告诉他这样做是不对的。让宝宝真真切切地意识到自己的错误，同时对宝宝进行引导，教给他们正确的做事理念、做事方式，以及诚实的重要性。

2. 关联事件教育法

4岁的千千非常顽皮，故意将桌子上摆放的花瓶摔在地上，结果爸爸在收拾的过程中不小心划破了手。由于怕被妈妈发现，千千径直跑到卧室不出来，妈妈前去询问，千千则一口咬定不是自己摔的。

几经商量无效之后，妈妈想了个方法："宝宝，由于你的错误导致爸爸手流血了，难道你不应该出来道个歉吗？"

一听爸爸受伤了，小千千便乖乖地走出卧室，并向爸爸道了歉。妈妈立刻赞道："敢于承认自己的错误就是好宝宝。"

当宝宝不承认自己的错误时不宜强迫他们，否则反而容易伤害到宝宝，破坏彼此间的信任，导致宝宝继续说谎的叛逆心理。这时，可围绕一些与之相关的事情与宝宝展开间接交流，让宝宝发表对这件事的看法和观点。当宝宝发表自己的看法之后，父母可在结束时附带性地说明一下诚实的好处或者说谎的坏处。

3. 巧搭桥，妙铺路

3岁的恬恬伸手拿桌上的牛奶，不小心碰倒了水杯，水洒了一桌子。妈妈问："是你弄翻了水杯吗？"恬恬一个劲地摇头否认。妈妈看着她着急可爱的样子忍不住笑了起来，她知道此时责备宝宝撒谎，不会有好的效果。于是和蔼地说："水杯碰倒了，恬恬怕挨妈妈骂不敢承认，是不是？"恬恬不好意思地点点头。"你看水杯也怕恬恬挨批评，它转了一个圈停住了，没有掉在地下摔碎。你还怕什么？"恬恬笑了："它是我不小心碰倒的。"

恬恬撒谎的原因是惧怕家长的责备，有的家长会因这点小事对宝宝严厉训斥，恬恬妈深知宝宝说谎的心理，适时的给宝宝搭了一架梯子，巧妙地纠正了宝宝的撒谎行为，并且告诉宝宝无论做了什么事都要跟大人讲清楚，不能说假话，撒谎是不对的。这种理智的态度会消除宝宝的恐惧感，自然也就没有说谎的必要了。

健康叮咛

作为父母在发现宝宝撒谎之后，不要动辄就给宝宝贴上“好宝宝”“坏宝宝”的标签。认为好宝宝就不能做坏事，做了坏事就不再是好宝宝，更不要粗心大意，满不在乎。正确的做法是，用诚挚的语言去说服教育，让宝宝认识到事情的严重性，以及说谎给自己、给他人带来的危害。

二、偷别人东西仍不知悔改——通过撒谎表达心中的需求

在小宝宝头脑里从来没有“偷”这个概念，在他们看来也许只是“拿”那么简单。对此，有时父母习惯将事情复杂化，轻易给宝宝的行为下结论，结果反而使事情恶化。

新爸新妈的烦恼

问题：宝宝为什么有拿别人东西的习惯？

李女士4岁的宝宝炫炫正在上学前班，一天，她发现宝宝书包里多了一个漂亮的铅笔盒，便问哪儿来的。炫炫支支吾吾说小朋友送的。其实，李女士已经意识到有可能是偷别人的，便继续问为什么拿别人的东西？可宝宝一直坚持说没拿。

经再三盘问，炫炫被“折磨”得终于挺不住了，承认了在放学的时候趁同桌不注意，将对方的铅笔盒放在了自己的书包里。

宝宝的“认罪”态度令李女士感到轻松了许多，可没几天他又旧病重犯，开始往家里“拿”东西。对此，李女士非常担心：宝宝这么小就学会了偷窃、撒谎，长此以往该如何处理？

宝宝心理大窥视

像炫炫这样的宝宝在实际生活中不在少数，大部分父母的处理方式也与李女士无异，基本上靠着无休止地说教、责备、惩罚。这样的方式也许能令宝宝暂时屈服于你，但这种教育方式是失败的，效果也不好，

就像例子中的李女士表面上取得了胜利，但实际上对宝宝没有起到任何积极作用，甚至会激发宝宝的仇视、逆反心理。

宝宝既偷还撒谎，表上看“罪不可赦”，其实没有那么严重，如果我们成人能够站在宝宝的角度去考虑考虑就会明白，他们这种行为与普通意义上的“偷窃”有着本质的区别，因为绝大多数宝宝并不是为偷而去拿别人的东西，只是内心产生了需求，认为“那个东西我没有”，“那个东西我喜欢”，“我想要”……这种内心需求促使宝宝产生了随意“拿”的行为。

这种撒谎在小宝宝中普遍存在，可谓是内心需求的一种表达方式。家长在发现这种情况时应该及时制止，但要注意制止的方式，不要过于激进。一旦发现宝宝拿了别人的东西，千万不可随便给宝宝的行为定义为“偷”，更不能严加审问，严厉处罚。

给新爸新妈的建议

正确的做法是，针对宝宝的这些行为从心理层面入手，搞清楚宝宝为什么会这么做，最终的动机是什么。搞清楚这些后再有针对性地进行教育，动之以情，晓之以理，教给宝宝应该正确处理别人东西和自己需求之间的关系。

1. 引导宝宝正确看待自己的行为

妈妈带芝芝在小朋友洋洋家做客，回来后发现宝宝手中拿着一个布娃娃，便蹲下来问：“你为什么要拿洋洋的娃娃。”

“洋洋送我玩几天。”

“要是你喜欢的积木被别人拿走了，你能高兴吗？同样你拿走了别人的玩具，对方心里会很难过的。”

宝宝看看手中的娃娃，满带歉意地说：“洋洋会难过的。”

“那我们不让洋洋难过好不好。”

“好。”

“那该怎么办？”

“给洋洋送回去。”

然后，妈妈带着芝芝去给对方送回去。

在归还的同时，还让芝芝道歉：“对不起，没经你同意，把你的东西拿回家玩了，现在还给你，请原谅。”

“拿”和“偷”有本质的区别，拿的东西可以归还回去，而偷的则永远难以归还。父母如何来对待宝宝的行为，将会给宝宝带来不同的感受。

一般，当宝宝不敢承认东西是偷别人的时候，他们一般会谎称是他人给的……这时我们不如顺势说下去，直截了当地告诉宝宝：“我知道是你喜欢人家的东西，但拿别人的东西就得还给人家!”并且，在宝宝知道自己的行为做得不对后，最好亲自带他把东西还给人家。这样，就能更容易地让宝宝认识到别人的东西是不可以随便拿的。

2. 教宝宝正确地表达内心需求

宝宝昨天在外面和小朋友打架，妈妈问他为什么，他说因为喜欢小朋友。这当然不是真话，因为这是第二次了，上次妈妈已经告诉过他喜欢别人应该怎么表示了。

妈妈想他之所以这么说是因为注意到上次他说时大人们的表情和对话，上次他这么说父母觉得好笑，认为这是小孩特有的想法，并没有批评他，小子很聪明记住了，所以这次他还这么说。但这次妈妈狠狠批评了他，对他自己的说法进行了反问，让他自己解释不通自己的行为，让他知道妈妈生气不是因为他打人，而是因为他已经知道错了还不承认。

在批评宝宝之前最好先了解他的想法，有针对性的进行教育。除了打他，还有别的办法进行惩罚。对宝宝的惩罚可以是一个晚上不和他说话，也可以是睡觉时不抱着他，也不给他讲故事。

3. 不要把责任统统揽过来

宝宝犯错之后，很多父母习惯把过错统统揽过来，这样做并不完美，不但无法使宝宝完全认识到自己的错误，而且还会使宝宝丧失责任感。

如果宝宝所拿的东西的确是宝宝所需要的，父母可以设法满足他，但必须告诉宝宝“今后如果你想要什么东西，爸爸妈妈觉得可以，一定会满足你。但你一定要明白，不是自己的东西，没有经过别人的同意是不能拿的。”

健康叮咛

每个宝宝都有一种错觉心理：即把他人的、无法拥有的东西想象成是最好的。比如，零食、玩具，只要自己喜欢就想占为己有拿回家。同时，他们也清楚这样的行为会被妈妈制止，所以会编一些谎言，说是“学校发的”“小朋友送的”等，目的就是为自己掩饰。面对宝宝的这种行为，父母千万不要直接训斥或批评宝宝，而应引导他们正确看待自己的行为，告诉他们要正确表达自己的内心需求，并及时满足宝宝的合理要求。

三、编造式的谎言：为“爱”编造——不要轻易戳破那层面纱

在小宝宝中有一种特殊的谎言——爱的谎言。他们撒谎不是为了逃避、掩饰，而是心中刚刚萌生的一种爱，就像在精心编织一张美丽的网，一触即碎。

新爸新妈的烦恼

问题：宝宝为什么以“要零花钱的名义”献爱心？

纭纭是一个很诚实的宝宝，最近总是要零花钱，宝宝要的零花钱越来越多，引起了妈妈张女士的注意：那么多的钱花哪儿去了呢？

为看个究竟，她暗中跟随宝宝到学校——宝宝把所有的钱都捐献了出去。这个结果令纭纭妈惊喜的同时又有些气愤，惊喜的是宝宝有爱心，做了好事，气的是难以接受屡次以撒谎的方式要钱。

献爱心是好事，可纭纭为什么要撒谎呢？张女士有些不可思议，同时，她觉得撒谎这件事情重大，绝对不能姑息迁就。

于是，她决定与纭纭认真地谈一次，但谈话的效果并不好，既没有了解到真相还伤害了宝宝的自尊心。结果就是宝宝再也没有主动要过零花钱，也不再积极参加任何公益活动。

纭纭的“转变”使得张女士更加迷惑，是不是自己哪儿做错了，伤害了宝宝幼小的心灵？

宝宝心理大窥视

上述例子中张女士的处理方式显然是不合理的，它对宝宝的伤害远远大于抚慰。要知道宝宝这种谎言是善意的，更是她心中的小秘密，这种小秘密是她不想让任何人知道的。有时候，小宝宝也需要有自己的“隐私”，这种“隐私”某种程度上讲就是那份孱弱的自尊心。

宝宝的自尊心很容易受伤，为了维护小小自尊心，他们宁愿“撒谎”。父母本应该细心呵护，替宝宝保密，而张女士的做法恰恰相反，让宝宝的小秘密公开化，难怪谈话后纭纭会变得如此反常。

那么，小宝宝为什么会产生这样的心理呢？从儿童的心理特点来看，是出于心理保护的需求，因为他们不知道自己的决定是否会得到爸爸妈妈的支持，因此不愿意让更多的人参与进来。为了保护好自己这份自尊，只能撒谎欺骗周围的人。

同时，这类谎言也是宝宝心理逐渐成熟的一个过程，随着年龄的增长，每个宝宝都想挣脱父母的束缚，想独自做决定，独自承担。

有些父母对宝宝要求很高，极为严格，这样，就会给宝宝一个暗示，做什么事情“我必须做好”“我必须成功”。在要求较为严格的家庭环境中长大的宝宝，也容易撒这类谎，目的就是为了摆脱父母的管教。

给新爸新妈的建议

对于宝宝善意的谎言，做父母的应该给予更多的保护，而不是阻止、揭穿、打击。明确了宝宝这种撒谎心理之后，我们就应该知道如何来应对，具体的做法可以按照以下两种方式去做：

1. 多沟通，多包容

妈妈看见鱼缸里全是泥，几条小金鱼奄奄一息地正躺在污浊的水里，顿时火冒三丈，朝着正在旁边玩耍的刚刚嚷嚷，“这是谁干的？”

看着妈妈犀利的眼神，刚刚轻轻地摇了摇头。

“还撒谎，刚才明明就你一个人在这儿玩。”

刚刚顿时被吓哭了，带着哭腔说：“我就没放泥。”

妈妈知道刚刚平常没这么调皮，等情绪平息下来之后，把刚刚揽在怀里，轻轻地问，“宝宝能告诉我，为什么这么做吗?”

刚刚委屈地说：“妈妈，鱼缸里是感冒冲剂，我看小鱼不动了，就以为它病了。我每次感冒也不想动，吃了感冒冲剂就会好起来，我给小鱼也吃就是想让它尽快好起来。”

“什么?”妈妈一下呆愣在那里，宝宝多么善良，竟被自己冤枉了。

她为自己的粗心大意和粗暴冲动感到惭愧，并向善良的小天使道歉。

有时我们宁愿相信自己的眼睛，也不愿听宝宝的解释，刚刚妈很庆幸，如果不是她后来心平气和地、真诚地交流，她永远也不会知道事实的真相。所以，对撒谎的宝宝别急匆匆地下结论，蹲下你的身子，走进他们的世界去倾听、去包容。

父母首先要给予宝宝适当的空间，容许他们犯错，让他们有说实话的勇气，同时要接纳他们的惧怕情绪，并控制自己的情绪，不对宝宝逼供，只有这样才能深入了解宝宝说谎潜在的、深层次的原因，并找到最为合理的处理方式。

健康叮咛

不可否认，撒谎和欺骗是可耻的行为。然而，在现实生活中，有一种谎言，心怀善意的动机；有一种谎言，充满着质朴的愿望。在对宝宝的教育中，家长和老师要懂得包容宝宝善意的谎言，这种处理方法往往可以收到意想不到的教育效果。

四、宝宝开始“逃课”——逃避学习压力的心理

1～6岁的宝宝还没有足够的能力来承受那些学习上的压力，而幼儿园和父母们却要求宝宝们把所有的时光都浪费在作业上。所以，很多宝宝开始憎恨学习，厌恶课堂。

新爸新妈的烦恼

问题：宝宝为什么逃避上课？

易女士的宝宝优优4岁零10个月，在幼儿园上舞蹈班，可她一直不想去，几次要求退学。

“妈妈，我不喜欢舞蹈，能不能别去了？”

“舞蹈不挺好的吗？你看邻居家莹莹不也在学吗，还有很多同学都在学。”

“可我一点也不喜欢。”

“报了就必须坚持下去，而且习惯了就会好了。”

对宝宝的几次退学要求，易女士都没正面理会。

一次，易女士提前去接优优，却发现她在幼儿园门口站着。“应该是上课时间为什么不在教室里呢？”易女士疑惑地想，后来与舞蹈老师沟通才得知，优优根本没有去上课。

对于优优的逃课行为，易女士很生气，回家后她讲了好多道理，但优优就是不承认逃课。当易女士说明这事已经找老师确认时优优才勉强承认。让易女士感到气愤的是，即使宝宝撒谎也会表现得很委屈，流着眼泪狡辩。

宝宝心理大窥视

宝宝的逃课行为更多的来自压力，包括家庭、学校以及自身的压力等，比如，父母要求严格，学校管理严格，宝宝对所学的科目不感兴趣等，都有可能使宝宝产生厌学心理。

显而易见，例子中优优的压力来自妈妈，来自宝宝本身对舞蹈不感兴趣，而且宝宝已经明确地表示自己不喜欢，可必须在妈妈的威逼利诱下去坚持，坚持的结果就是无声地抵抗，因而产生了逃课的一幕。

对于学龄前的儿童来讲，他们还没有足够的能力来承受学习上的压力，没有足够的精力来应付重复性的作业，尤其是对自己不感兴趣的科目，更是无法专心地去学习。而幼儿园和父母们却要求宝宝们把所有的时光都浪费在作业上，所以，很多宝宝开始憎恨学习，厌恶课堂。

换句话说，这一年龄段的宝宝应该把更多的精力用在“玩”上，身心上的发育都要求他们多运动、多在户外玩耍，通过运动和游戏来发展自己，完善自己，感知世界，感知周围的一切，而不在老老实实坐在课堂上。

给新爸新妈的建议

1. 成绩不是最重要的

一个宝宝10道题里只做对2道，换作一般父母，也许早忍不住骂过去了，而他的爸爸却说“宝宝，这两题你能答对挺了不起了”；宝宝考试考了78分，这位爸爸用镜框把卷子裱了起来挂在墙上，说“爸爸当年考试刚够及格，你比爸爸出色”，宝宝爸用这种方式把宝宝培养得品学兼优。这位爸爸是我们的榜样，他能够在“不完美”的状态下看到宝宝的闪光点。

应该允许宝宝犯小错，现在越来越多的家长和老师用上了“你真棒”三个字，这是个可喜的现象，但是，这三个字不能机械地使用，现在的宝宝很聪明，他自己会有分析能力，泛泛地表扬是不会有实际效果的。

有哪个家长不希望自己的宝宝成绩出色呢？但是要有一个原则：成

绩和宝宝比，宝宝永远是第一位的。

2. 容许宝宝犯小错

黎黎上学比较早，6岁已经升到了小学一年级，他对考试一直心存恐惧。期末考前一天，他怕到晚上尿了床。其实宝宝成绩还是挺好的，这次数学考了98分，家长会上，老师对黎黎妈说，“你家宝宝完全可以考出100分。”

黎黎妈拿出考卷看了看，老师说得没错，那道错题是因为粗心了。但是想到宝宝的心理压力已经很大了，回家黎黎妈没有批评他，而是和他说：“宝宝你很棒！这次粗心了，下次再细心点。”哪知道宝宝没精打采地顶了一句：“我一点也不棒！”然后就把自己锁起来了。

可能黎黎妈还没有意识到“这次粗心了，下次再细心点”，这句暖和的话在这时候对脆弱的宝宝来说也是一种压力。而“下次再……”对他来说又是来自妈妈的压力了。

不要让宝宝感觉学习是一种苦差事，要培养宝宝的学习兴趣，否则适得其反。不过这些道理父母们都懂，但真正应用起来就难了。

人在压力之下会有一定的逃避心理，不要给宝宝太大的学习压力，遇到问题要引导和疏导，与宝宝进行沟通。成年人都有一定的抗压能力，而宝宝没有，父母不能给宝宝施加太大的压力，否则，既容易让宝宝产生厌学心理，又不利于宝宝的身心健康发展。

3. 给宝宝一些积极的鼓励

宝宝一次考试没考好，她哭着对妈妈说：“妈妈，我都没脸回家了。”妈妈对她说：“妈妈兴奋的是宝宝回来了，不是成绩回来了。”对太好强的宝宝，不要过分关注成绩，要关注他们的心灵，心灵舒展了，就会有自我“净化”和应对一切挫折的能力了。

总之，家长要多了解宝宝的心理，关注宝宝在成长和学习过程中的一举一动，通过小动作给宝宝一些鼓励，这样，才能及时地发现宝宝存在的问题，减轻宝宝的心理压力。

还可以说些鼓励的话，“你真棒”要加上语境，和宝宝一起分析指明他的可取之处；要发自真心地肯定他，违心的表扬在宝宝眼里是一种虚伪的表现，反而会适得其反。

再者，如果有必要对宝宝提出批评，在批评时可以采用拥抱，抚摸的小动作，给小宝宝传递爱意，缓和小宝宝的情绪。要让小宝宝感受到，你只是批评他的错误行为，但对他的关爱却不会因此减少。

健康叮咛

儿童的学习动力主要是靠好奇心，在对待宝宝学习的这个问题上，父母应遵循“兴趣为主”的原则。随性，随意，因人而异，因势利导，如果能做到这点，宝宝也就能轻松爱上学习，减少一些抵触心理。抵触心理弱了，抵触性的谎言自然会少一些。

五、宝宝谎称老师虐待，不愿上学——目的是为了获得父母更多关心

当宝宝不想上学时会以各种理由来搪塞，如头疼、生病等，这种心理表明，他们难以融入新环境、新团队，急于在父母这里寻求更多的关心、关注。

新爸新妈的烦恼

问题：宝宝为什么要撒谎不想上学？

张先生夫妇都是工薪阶层，平时工作比较忙，他们的宝宝圆圆刚满 3 岁就被送往一家幼儿园，全日制托管。每周周末才接回家里团聚一次，又是一个周末，夫妇俩刚把宝宝接回家，宝宝就哭着告状，说“中午睡觉的时候老师打我了”，而且第二天再也不肯上幼儿园。

见宝宝如此“委屈”，张先生夫妇也信以为真，立刻找老师理论。后经与老师一番沟通才知道，只是在午睡的时候，用手拍打了几下宝宝的后背。

这时张先生才意识到，老师的行为只是哄宝宝睡觉。事后，他们不明白宝宝为什么会这样，是不明白老师的行为，还是故意撒谎？

宝宝心理大窥视

不难看出，案例中圆圆的谎言真正目的是想引起父母的关注。这种情况在初入校园的宝宝中极为普遍，类似的做法还有称病、与同学关系

不好等。无论什么原因，动机都如出一辙，最终目的就是不想上学。

那宝宝为什么不想上学呢？

6岁前是儿童依赖父母最强的一个阶段，对于他们来说，最大的恐惧就是要离开所有熟悉的东西——特别是爸爸妈妈。很多宝宝只有与爸爸妈妈在一起才能有安全感、满足感。当宝宝进入幼儿园后，每周只能享受到一两天的家庭温暖，短暂的温馨过后自然不愿意离开。再加上一些生活习惯的改变，不能像在家里一样想干什么就干什么，也不能独占玩具，睡觉、吃饭作息也会发生变化，宝宝自然有些不适应。

然而，很多父母误解了宝宝的意思，就像例子中的张先生一样，简单地认为宝宝真在幼儿园受了委屈，或者自以为是地直接戳破其谎言。其实圆圆的动机是想待在家里，希望父母陪伴。

换一个角度讲，如果父母们能运用这种“变化”，巧妙地开导、激发宝宝，就能使其在心理上、行动上提高一步。特别是在家里骄纵任性、依赖性强的宝宝到幼儿园后会有一些“质”的成长。

给新爸新妈的建议

当宝宝撒各种谎拒绝上学时，这时父母就应引起注意了，其背后深层原因是宝宝缺少充分的关爱。对于那些经常被父母忽略，或者感到孤独的宝宝来说，撒谎也是一种引人注意的方式。这种谎言只是为了引起父母的重视。

具体来讲，父母可这样做：

1. 走进宝宝的心里，倾听宝宝的心声

当宝宝大哭大闹不愿意去幼儿园时，父母不要简单地斥责、威胁、欺骗，要向老师了解情况，看问题出在什么地方。在这类谎言背后往往隐藏着不为人知的困惑，多是因为宝宝忽然离开了父母亲，离开了熟悉的家庭环境所致。

这个时候，父母要尝试走进宝宝的心里，多倾听、多引导，平时多给宝宝一些关心。与宝宝一起面对困难，解决困难，让他感觉到父母的关心、关爱。同时，还要加强对宝宝独立生活能力的训练。

2. 重塑幼儿园在宝宝心中的美好

3岁的杰杰上幼儿园了，但每次都像生离死别般地揪着妈妈不让

走，说什么也不肯进教室。原来是以前，奶奶经常在杰杰调皮的时候对他说：“你再敢调皮捣蛋不听话，就让幼儿园的老师把你关在小黑屋里，老师可比奶奶厉害。”

这本是玩笑话，可时间一长，杰杰一听“幼儿园”三个字就吓得直哭，心里对幼儿园一直有着莫名的恐惧感。

父母和其他长辈绝对不能以上幼儿园威胁吓唬宝宝。否则，在宝宝幼小的心灵中会留下一个可怕的阴影，觉得幼儿园是个非常可怕、不自由的地方。当他真正要入幼儿园时，会产生恐惧心理。

相反，要多塑造幼儿园在宝宝心目中的美好形象。在入园前经常向他讲述：“幼儿园是个有趣的地方”，多讲自己当年入园、入学时的高兴心情，介绍学校里各种有趣活动。当宝宝向父母提出一些好奇问题时，可在解答之余告诉他：“你就要上学了，有好多好多有趣的知识可以从老师那里学到。”

这样做的目的是唤起宝宝对老师的尊敬和热爱之情，激发宝宝对新环境的向往。这样，宝宝就不会惧怕上学了。

3. 找合适的时间与宝宝认真谈一次

5岁的茵茵上幼儿园大班，总是隔三岔五地以各种理由不上学。一次，她谎称生病拒绝上学，根据惯例妈妈已经猜出她的几丝心思，于是转而说：“好吧，那妈妈帮你向老师请假。”见妈妈痛快答应，小茵茵瞬间颜开，笑嘻嘻的。

下午，妈妈又带她去公园玩，小家伙不亦乐乎，趁宝宝玩得尽兴时，妈妈才问：“宝宝，你为什么不喜欢上学呢？”

“因为我要跟妈妈玩。”

这位妈妈通过逐渐渗透的方式，在宝宝心理防线最松懈时展开了交谈，从而实现了融洽的沟通，进而得知茵茵不上学的真正原因。这是很聪明的做法，现实中，很多父母不会与宝宝沟通，当查明宝宝“撒谎不上学时”往往不知宝宝为何这么做，而是采用直接、粗鲁的沟通方式，这很容易让宝宝对你闭上心理之门。

宝宝上幼儿园是离开家庭走向社会的关键一步，他们撒谎不想上学

的目的就是逃避让自己不适的环境。当发现宝宝撒谎时，父母不要着急，宝宝的任何谎言都有一些事实线索，谎言越荒谬，识破的机会越高。可以与宝宝谈话，观察宝宝的言行，通过言行举止来了解其真正的动机。

六、宝宝谎称自己很“优秀”——错把“愿望”当“现实”

宝宝谎称自己很优秀，往往是把现实中的不如意、不愉快理想化的结果。心中的预期无法实现，愿望得不到实现，往往是这类宝宝撒谎的症结所在。

新爸新妈的烦恼

问题：宝宝为什么撒谎自己在幼儿园很优秀？

田女士4岁的宝宝果果非常“优秀”，她经常向妈妈说，“我在班里最优秀，老师和同学都夸我。”一天果果又告诉妈妈：“我在班上得了小红花”，当被问到小红花在哪儿时，果果却谎称忘在教室里了。

妈妈似乎觉察到了什么，便到幼儿园一看究竟，发现果果并没有像她说的那样优秀。相反，别的宝宝都比她小红花多，田女士瞬间明白了一切，在与老师沟通后才得知，果果性格内向，胆子很小，平时也很少和小朋友们一起玩。

在回来的路上，田女士很奇怪宝宝为什么会撒谎？

宝宝心理大窥视

类似果果的谎言，我们称之为“安慰式的谎言”，即心中的愿望无法实现时一种心理上的补偿。

这类谎言往往源于宝宝自己的想象愿望，这是1～6岁宝宝的成长特征之一。他们正处于急切从外部认知事物，而又无法很好地满足自己的矛盾时期，想象占主导地位，容易把“想象已久的事情”当作“已经实现的事情”，即把愿望当成现实。

当宝宝渴望得到某种东西，或希望做好一件事又无法实现时，通常会把这些希望得到的东西，发生的事通过想象变成现实。这种过度的自尊心与他能够得到的实际满足不匹配，就不得不通过撒谎弥补。就像例子中的果果，一直把想得小红花当作自己的愿望，但又久久无法实现，于是就有了“撒谎”的想法。

给新爸新妈的建议

这一年龄段的宝宝最容易把“现实”与“想象”混淆，从而说出一些与事实不符的话。这类宝宝天性都是好的，只是源于受外部环境的影响，或家人不恰当的表扬，或者所获得的鼓励不够充分所致。随着年龄的增长，宝宝的认知越来越多，对“想象”和“现实”有更明确的区分后，这一情况会逐渐改善。但是，对于宝宝的撒谎性行为还是不要忽视，父母要教会宝宝正确看待一切是非观念，荣誉得失。

1. 引导宝宝不良情绪的及时释放

在幼儿园手工课上，小东本来做得不够好，回到家里却对父母说得到了老师的表扬，并且作品被贴在了“学习园地”上，成为大家学习的榜样。

第二天妈妈去幼儿园接他时怎么也没有找到他的作品；再比如，学校开运动会，他没有得到第一，回来却说是他得了第一；更严重的一次，他说自己被推举为班上的班长。

此等大事，妈妈焉能无动于衷，当时就跟宝宝的老师通了电话。通过老师才得知，小东的确参加了班里班干部的竞选，但没有被选上。

宝宝从小在一片表扬声、赞美声中长大，自我优越感十分强。在上学后一旦没取得好成绩、当上班干部，就会觉得很失落，觉得自己不再优秀。期盼已久的愿望无法实现，需求无法满足，就企图通过说谎得到心理慰藉，幻想已经“拥有”这一切。

比如，班干部落选会撒谎被选上，没有得到小红花撒谎已得到等。对于小宝宝而言，想得到而又无法实现时就会出现情绪低落，自卑心理，并试图通过自我欺骗，弥补这种心理落差。

追根究底，这是宝宝不满情绪的一种表达，作为父母要清醒地认识到这一点，发现宝宝有异常情绪时就要积极引导，将这种不良情绪充分释放出来。当宝宝的心情调整过来之后，类似的谎言就会有效减少。

2. 多夸奖，多鼓励

姚女士的宝宝4岁，在班里个子最小，更重要的是因为个头小屡次在运动课上表现不佳。小朋友们都叫她“小不点”，宝宝不爱听，听见别人叫就很不高兴，回家后便开始生闷气。

姚女士觉察到异常后，就试图与她沟通，“宝宝为什么不高兴啊?”

“小朋友都叫我小不点，运动课上成绩最差……”

姚女士安慰她说：“个头小不是缺点啊，妈妈小时候也这么小，可成绩依然很优秀。”

为了让宝宝接受这个称号，姚女士同时还给她讲小不点的英雄事迹，借机找机会让她做些比较简单的运动，多带她去户外运动晒晒太阳、做做运动等。

宝宝的这种谎言某种程度上是对现实的一种逃避，因在现实生活中表现不佳丧失了自信，无法看清自己的优势和劣势。此时，父母关键是要让宝宝看清自己的优劣势，并教他们如何扬长避短，发挥自己的长处。

3. 冷处理，用正面行动去暗示宝宝

幼儿园老师教孩子们剪小红花，4岁的乐乐总是跟不上，一上午一朵也没有剪出来。放学时她就偷偷地拿了一朵塞到了自己书包里，回家后告诉妈妈“今天我表现特别好，这是我剪的小红花。”

可妈妈了解到的情况是，乐乐这朵小红花是偷来的。尽管有些生气，但妈妈并没有责备宝宝，而是亲自教她如何剪，并直夸她真是个聪明的宝宝。第二天上学的时候，乐乐带着自己亲自剪的小红花回了幼儿园，交给老师。

放学回家的路上，乐乐一直闷闷不乐，似乎在思考什么。以家后忽然对妈妈说：“妈妈，我再也不偷别人的小红花了。”

在大多数宝宝心中，只有拿到小红花才能被老师、父母接纳，否则就会产生一种挫败感。宝宝的自信来源于家长、老师的无条件接纳，尤其是家长，家长不能只在宝宝成功时才会高兴地接纳，考坏了、没得第一了，没比其他宝宝优秀了，就不高兴，提出更高的要求，否则久而久

之宝宝的自信就没了。宝宝一旦产生未被接纳而必须变得优秀的想法，遭遇失败时情绪就很难缓解。

健康叮咛

宝宝撒谎是担心不会被接纳，对此，父母要多开导宝宝，消除宝宝心头不必要的担心。同时，让他明白竞选、小红花是好事，但如果没有成功也不怕，我们可以再努力，争取下次成功。

第六章

反叛而逆反的对抗之心：宝宝“自我意识”的凸显

当宝宝长到三五岁时，很多父母惊讶地看到，原来那个百依百顺的小乖乖，转而变成了倔强的牛脾气。倔头倔脑、软硬不吃，一股火劲，对父母的话几乎是充耳不闻，对老师的批评置若罔闻。对此，很多父母心里既恨又爱。

宝宝不听话，就其心理根源来说是逆反心理在作祟。逆反心理是一种固执偏激的思维习惯，它使宝宝无法客观地、准确地认识自我、认识事物的真面目，进而采取一些错误的方法去解决面临的问题。

在人的成长过程中，主要有两次逆反心理最为集中的时期，一个是幼儿期，一个是青春期。两三岁正是宝宝第一个逆反心理期，由于自我意识逐渐增强，所以表现自我、挣脱束缚的欲望越来越大，再加上父母管教较严，往往就会产生逆反心理。

宝宝在这一时期表现出的反抗心理，是一种正常的心理现象，父母要正确对待。从某个角度来看，正是这一阶段的反抗、叛逆才更容易促使宝宝的心理健康、独立坚强。相反，那些丝毫没有反抗表现的宝宝，往往趋于软弱或优柔寡断。

一、父母苦口婆心，宝宝却无动于衷——利用逆向思维刺激宝宝

逆向思维是为了维护自己的自尊，而与对方采取相对立态度和言行的一种思维形式。当你苦口婆心，宝宝却无动于衷时，可利用这种方法重新唤起他们的倾听欲望。

新爸新妈的烦恼

问题：宝宝为什么对自己的话无动于衷？

党先生一家出去郊游，3岁的宝宝雅雅走在爸爸妈妈前边，忽然，她看见地上一张五彩塑料纸非常漂亮，于是伸手去捡，党先生赶紧制止："别捡，脏。"宝宝似乎没听见，继续蹲在那儿去捡。妈妈赵女士也着急起来，过去一把拽起她："这个脏，别玩这个。"

被拽起来的雅雅虽然扔掉了手中塑料纸，但仍丝毫没有歉意。一会她又看到飞驰而来的一辆汽车，站在路边兴奋地喊："汽车，汽车。"妈妈说："走吧，路上尾气多，我们去公园再玩。"雅雅仍没听见似的，接着看来来往往的汽车，并且问道："这是什么车？"

妈妈说："快走吧。"说着拽着雅雅的手往前走，一次次劝解，好不容易才走到公园。

夫妻俩常常唉声叹气："这宝宝把我们的话当耳旁风，太不听话了，太不知道尊重人。"

宝宝心理大窥视

在生活中类似雅雅的这种场景十分常见，每个人都可能遭受过宝宝的无视，这个人可能是妈妈，可能是爸爸，也可能会是老人或保姆。宝宝对大人的话听而不闻，这种现象多被家长误认为是宝宝的调皮、任性。其实，并非如此，不可否认有些宝宝带有这种心理，有故意刁难家长的嫌疑。但就这个年龄段的行为表现而言，宝宝有这样的举动更多的是注意力不够集中。也就是说，宝宝在听你说话时并没有全心全意地用心去听，也许正被眼前的新奇事物所吸引，也许正在想着自己感兴趣的事。

所以，要改变这种状况，最重要的是善于把宝宝的注意力从他坚持的事情上转移到你的讲话上来。宝宝的注意力一旦转移后，就会很快配合你的言行。

另外，这也与父母平时的教育不当有关，很多成人在与宝宝相处时都习惯用自己的喜好、自己的判断、自己期待的状态来要求宝宝，而这些“要求”都是通过各种各样的否定形式表现出来的，比如，宝宝做错事情时，常用命令、责备的口吻指责宝宝“你不能这样做”，“不应该那样做”。当宝宝犯错时，父母唠唠叨叨，情绪激动，眼睛大睁批评宝宝。

这些行为无形中伤害了宝宝的自尊，当你的说教成为宝宝日常生活中的“背景音乐”时，一切都变得无效。因为，宝宝已经习惯了在做任何事的时候遭到反对或生硬的阻止，怎么还能对你的话认真去听呢？

因此，作为父母我们要想明白一个道理，当宝宝对你的话产生抗体时，与其不断地絮絮叨叨，不如认真反思一下，如何做才能重新唤起宝宝倾听的欲望。

给新爸新妈的建议

宝宝对父母的苦口婆心无动于衷，这样长期发展下去不利于亲子关系的融洽。通过上述原因的分析，父母要深刻反省自己的行为，在以后的教育中，用正确的方式对待宝宝。可以利用逆反心理刺激宝宝做事的积极性，下面提供几招供父母参考：

1. 转移宝宝注意力

蒙蒙刚满3岁却是个贪玩的宝宝，每天吃饭父母都要催促半天。又到了吃饭的时间，蒙蒙还在投入地玩电动玩具，丝毫没有听见旁边爸爸妈妈的话。好不容易坐到桌子旁，却迟迟不动筷子，一副心不在焉的样子。

这时爸爸走到他身边，讲起了自己的故事："这饺子多香啊，我这么大时一顿能吃20个，蒙蒙能吃几个？"爸爸边说，边给蒙蒙夹。

蒙蒙眨眨眼说："爸爸，我比你吃得多。"说着放下玩具吃起来。

我们在分析中提到，宝宝无视父母的话最大的原因是注意力不够集中，尤其是宝宝正在做自己喜欢的事时，更能进一步确定宝宝心思根本不在你的话上。在这种情况下，父母首先需要做的是转移宝宝的注意力。

蒙蒙爸用讲故事的形式成功转移了蒙蒙对玩具的注意力，从而让他可以安心用餐。用宝宝感兴趣的一种事物来取代另一事物，可以使宝宝的注意焦点转移到当前的事情中来，这是一个不错的方法，父母可以多多尝试。

2. 让宝宝听到不一样的声音

茵茵在妈妈眼中是木讷的宝宝，对什么话都无所谓。早晨起来叫她喝牛奶，她常常要磨蹭半天，饭后陪她玩游戏，也是有一搭没一搭的，让她帮着打扫卫生，同样是一副无所谓的样子。为此，妈妈除了批评还是批评。

这次，妈妈一反常态，当看到茵茵拿起扫帚时，投来赞许的目光："茵茵扫得真干净！"没想到听到赞扬的茵茵反而认真地扫起来，足足扫了二十分钟，扫完后还很得意地向妈妈展示自己的劳动成果。

茵茵妈用鼓励的方法激发宝宝继续做下去的欲望，从而让她变得乐于动手。这是因为宝宝从妈妈那儿听到了不一样的声音，以前都是批评之声，现在是表扬，从而有效地调动了内心积极上进的一面。这就好比你长期处在一种环境中工作或生活，感到压抑和沉闷，而这时给你放一首动听的音乐，你一定会仔细去听，并用心欣赏。

对宝宝的教育也一样，不能只给宝宝一种声音。宝宝犯错，父母不能一味地批评，要知道在对宝宝的教育中赞美永远是主旋律，即使他做得并不那么完美，并不能令你满意，同样需要给予赞美。否则，一旦宝宝对你的批评听而不闻时，就宣告你的教育失败。

3. 正话反说，逆向激励

奕奕是个很倔强的宝宝，总有一股不服输的精神，但也有一个很坏的习惯，写作业拖拖拉拉，每次都是在爸爸妈妈的催促中完成。这天，奕奕一回家，妈妈就问：“奕奕，作业多吗？”

奕奕：“又是那么多。”

妈妈：“我看你今天晚上又无法按时完成了。”

听了妈妈的话，奕奕有些不服气，回自己的房间埋头写起来。到了晚上吃饭时，奕奕就奔出房间向妈妈展示自己的作业，意在告诉妈妈：“谁说我不能按时完成作业。”

奕奕妈巧妙地使用正话反说的激将法，激发了宝宝不服输的逆反心理，从而很快完成了作业。

对于不同个性的宝宝，父母要学会采用不同的教育方法，通常来讲，我们不提倡使用这种激将法。但对一类宝宝非常有用，即例子中倔强的奕奕，这种个性的宝宝如果是常规的劝解，总是磨破嘴皮子也效果不佳，如果适时地正话反说，反而可以激励宝宝去做事。不过，要注意正话反说的口吻，别把激励的话说得像嘲讽宝宝，那样会大大伤害宝宝的自尊心。

宝宝不“听”话，是儿童期逆反心理的重要表现，父母一定要看到这种现象背后积极的一面，并善于用正确的方式方法去引导、去激发，帮助宝宝正确地认识自我，对待他人。

二、父母说什么，宝宝都说“不要”—— 尊重宝宝，给宝宝自由的成长空间

父母好言相劝，宝宝只有一个答案“不”，没有任何解释，没有任何理由。这是宝宝叛逆期最显著的特征，对此父母要谨慎处之，不可操之过急。

新爸新妈的烦恼

问题：宝宝为什么只会说“不”？

张女士的宝宝可可3岁零2个月，人不大可十分叛逆，特别喜欢说不要不要，吃饭不要不要，尿尿不要不要。纵使爸爸妈妈磨破嘴皮，也是两个字“不要”。一家人正在就餐，可可边玩边吃，边吃边撒，妈妈稍微责备几句，他就赌气不吃饭了。

可可的“绝食”行为让一家人坐不住了，爸爸妈妈爷爷奶奶纷纷过来好言相劝，中心意思只有一个，就是让他再吃一口饭，然而，宝宝可不领情，见众人服软反而更加硬起来，口口声声就一个字“不”，这可急坏了全家人。

一番折腾后，张女士不禁感叹，“现在的小宝宝可真难管，这么小脾气就挺大。”

宝宝心理大窥视

和张女士一样，很多父母都有这样的体会：宝宝爱顶嘴，对大人的话一概排斥。有的父母甚至感叹“我家宝宝越来越有主见了，什么都不

听我的”。可事实果真如此吗？小家伙看似愈发有主见，实际上则是一种叛逆之心。3 岁左右正是宝宝成长过程中经历的第一个反抗期（另一个是在青春期），最显著的表现就是：拒绝，无论你的话是对是错，他都会很坚定地说“不”。

正因为这是宝宝成长过程中的心理反应，所以当宝宝说“不”时，父母不必惊奇，接下来就让我们深入了解一下宝宝的这种心理。

随着宝宝年龄的增长，宝宝的心理、智力、运动能力都会随之发展，不再满足于以前单一的活动模式、狭小的活动空间，而是开始寻求更广、更大的领域。但大多数父母则没有完全考虑到宝宝这种心理需求，只是片面地认为宝宝变得越来越不听话了，从而对宝宝的行为进行千方百计地制止和阻挠。这势必会激发宝宝的叛逆之心，使得他们愈发反抗，拒绝之心由此产生，表现在行为上，即是事事与父母对着来。

另外，这时期宝宝的自我意识有了较大的发展，他们对一些事情开始有了自己独立的见解，遇到不高兴的事情，自己的需求无法满足时会以直接拒绝的方式来表达自己的内心想法。当父母再将自己的意志强加于宝宝身上时，宝宝就会有不同的意见，这也是宝宝拒绝父母的一个重要原因。

由此可见，宝宝的这种叛逆之心也并非全是坏事，某种程度上体现了宝宝独立性的发展需求，有助于宝宝日后对事物的认识、判断力的发展，这是宝宝在未来社会中生存的一项重要技能。作为父母要借此机会，对宝宝进行合理引导和教育，挖掘这种行为中积极的一面，抑制不良的一面。

给新爸新妈的建议

在对待宝宝常常拒绝的事情上，父母不能只是简单地干涉，甚至强行制止，否则，只会让宝宝的反抗之心燃烧得更旺。对于宝宝的这种叛逆，父母应该在尊重他们的心理需求下视情况而定，不愿意接受的意见或者不愿意做的事情，不如放手，让宝宝自己去做去想。具体来说，要做到以下三点：

1. 把宝宝当作独立的个体对待

流流在家里很反感爸爸，而更愿意听妈妈的话。原因是每次流流遇到不想做的事情，用“不”来拒绝爸爸的时候，爸爸总是对流流一阵训骂，“这宝宝，无法无天了，大人的话一句也不听，我们小时哪里有敢反抗父母的……”而妈妈有事则是和流流轻声细语商量着来。因此，流流更愿意听妈妈的话。

流流爸家长作风十分强，认为宝宝要对父母的话言听计从才是对的，这大大抑制了宝宝个性的发展。现实生活中，像流流爸这样的家长不在少数，把宝宝看作是自己的附属，宝宝做什么都必须按照自己的意愿，服从自己的意志。事实上，这是在扼杀宝宝的天性。现在提倡开放式的教育，父母要放弃这些传统的观念，尊重宝宝个性，给宝宝创造一个相对自由的成长环境。

在教育宝宝问题上，父母首先要有一个正确的教育观，把宝宝当作一个独立的个体对待。只有有了这样的观念，才能最大限度地认识宝宝、尊重宝宝。

2. 少一分责罚，多一分赞扬

天冷了，出门前妈妈要苗苗穿上新买的秋装，而苗苗坚持要穿自己喜欢的连衣裙。妈妈：“你看今天怕要刮风了，穿着连衣裙会冻病的。”可苗苗一口一个不，仍没有妥协的意思。

妈妈继续耐心地说：“宝宝你为什么要穿裙子呢？”

“漂亮。”

“妈妈也认为漂亮，咱们做个约定好不好。”苗苗乖乖地说好。

“等太阳出来了我们就穿裙子。”在妈妈的好言相劝下，宝宝终于放弃了穿裙子的想法。

在苗苗说“不”时，妈妈没有责备，相反而是好言相劝，从而让宝宝感受到了尊重，宝宝的心里高兴了，接受起妈妈的意见来就会容易得多。我们常说，没有不喜欢被表扬的宝宝，这招对付叛逆期的宝宝更为有效。当宝宝有了逆反心理时，责备的话是一点效果没有，甚至有可能激发起更大的抗拒。这时父母要注意疏通，用和蔼的语气、善意的语言与宝宝对话，尽管可能会招致宝宝的反击，但也不要轻易放弃。

3. 对宝宝的行为确立明确的奖罚制度

远远拿着他的“金箍棒”在家里大闹天宫，昨天就打碎了小鱼缸，今天又戳坏了花瓶。爸爸妈妈好言相劝，他就一个答案：“不，就不……”为此，爸爸特意制定了相应的奖罚制度，与远远的日常行为一一对应，并且明确告诉他，如果再犯则按照规定实施。

自此以后，远远犯了错，爸爸都会拿出这份奖罚单来约束他，远远自认为没有反驳的理由，也只有乖乖地服从。

远远爸通过奖罚单，大大规范了宝宝的行为，更重要的是还能使宝宝心甘情愿服从。其实这就是行为规则的力量，它可以对人的行为进行很好的约束和规范。

宝宝做错事，大多数时候他自己心里也很明白，而且可能也会为犯的错感到不安，但是如何让他意识到自己的错，就不是件容易的事情了。这里有一个小方法，可以帮助家长们矫正宝宝的这种行为，提高宝宝的意识，即确立明确的奖罚制度，通过奖励与惩罚，来使宝宝意识到自己做的对还是错。

另外，需要提醒的是在对宝宝实施奖罚时，奖罚的尺度、方式都要适当。奖励可以是物质上的，也可以是精神上的；而惩罚宝宝则要以不危害宝宝的安全、健康、尊严为前提。

健康叮咛

对于宝宝经常说“不”的行为，斥责、打骂只会给宝宝增加更多的压力，让宝宝变得更加叛逆、抵触。最有效的方法还是与宝宝打心理战，同时配以明确的奖罚制度，双管齐下。这样既不会影响与宝宝的关系，又能达到教育的目的。

三、事事都喜欢超过别人——叛逆下的“争强好胜”之心

争为强者，事事处处都喜欢超过或压倒别人，这就是争强好胜之心，很多宝宝总是和父母较劲，不要认为这只是叛逆，其实这也是一种“争强好胜”。

新爸新妈的烦恼

问题：宝宝为什么喜欢事事占上风?

刘女士有个3岁出头的小女孩叫芹芹，近段时间总是喜欢出风头，事事喜欢抢上风，妈妈吃一碗饭，她就吵着要吃两碗；爸爸早上七点起，她六点五十就起来；邻居明明最近报了一个语言班，她就让父母给报两个业余班。

对此，林女士很奇怪，宝宝最近这是怎么了？总是什么事都要和别人一争高低，争个没完没了。争比不过还会大闹情绪，甚至有可能引发“暴力”和破坏性行为。

宝宝心理大窥视

如果你有芹芹这样的宝宝，我觉得你应该感到高兴，这是一个多么上进的宝宝。表面上看十分叛逆，其实隐含着一种上进之心，只不过对于宝宝来讲，“叛逆心”与“上进心”的界限并没有成人那么清晰，如果我们引导得不好，这份上进之心就会被叛逆之心所淹没。这就像棋盘上的楚汉分界线，一边是叛逆，一边是上进，谁在宝宝的心中占据上风，谁就会形成主导性的力量。

据此，我们可以断定，宝宝事事喜欢抢上风，不惜违背父母的意愿，与父母“对着干”，这是宝宝逆反心理的一种表现，但这并不意味着完全是坏事，因为里面有很多积极的因素。那么，宝宝为什么会有这样的复杂心理状态呢？让我们来一起分析下具体原因。

首先，这个年龄段的宝宝对自己缺乏正确的认识，他们只是单纯地与别人比较，并没有太多的功利之心。有的宝宝想以此获得更多的掌声和认可，甚至刻意地去显示自己优秀的一面，其实这与父母平时的言行有很大的关系。

有些父母平时言行举止间就透露出攀比的心理，或者总是拿宝宝与其他宝宝作比较，“看人家豆豆早就能自己吃饭了”“明明今天又在幼儿园得了两个小红花”“爸爸妈妈就喜欢那样的好宝宝”等。这些话无意中暗示宝宝，只有比别人好才能获得父母更多的关注。

父母对宝宝要求过高，宝宝自然对自己也会要求很高，而当宝宝按照这些暗示去做的时候，父母又出来阻止：“什么都跟别人比，自己做好自己的就行了”。如此一来，宝宝就会变得茫然不知所措。

给新爸新妈的建议

这些不稳定的主客观因素，对宝宝造成的直接后果就是，让宝宝变得摇摆不定，或不顾实际情况和主客观条件，轻举妄动，盲目蛮干。所以，在这个阶段，当好宝宝出现“与你较真，与别人盲目比较的”行为时，就要做好引导工作，让宝宝那份叛逆之心真正转化为性格上的“争强好胜”。

那么，父母如何挖掘宝宝叛逆心理中积极的一面呢？下面总结了三个方面：

1. 培养宝宝正确的竞争意识

勤勤是小有名气的天才，小小年纪就学会了下象棋。这得益于爸爸的孜孜教诲，然而，爸爸遇到了同样的麻烦，即小勤勤越来越输不起，一看到对方的棋子冲进自己的阵营，便着急了，如果失败那更是一发不可收拾，一把掀翻棋盘。

后来，爸爸不再执着于教勤勤下棋的技巧，而是告诉他下棋的真正内涵：不在于胜败，而在于享受其中的博弈过程。

勤勤爸在教宝宝下象棋的过程中，通过思维的转变，让宝宝领会了竞争的真谛。一开始只专注于教他下棋技巧，这样只能让宝宝更加在意最终结果；而后，转而教宝宝享受过程，让宝宝领会到象棋的真谛。

竞争的力量会让一个人迸发出巨大的潜能，创造出惊人的成绩。宝宝要想与人竞争，首先需要培养起正确的竞争意识，父母要教宝宝正确看待胜负结果。

2. 鼓励宝宝积极参与竞争

老师要求全班学生每人制作一幅手绘画，参加即将举行的绘画竞赛。可谭谭从没做过，回到家就产生了畏惧心理，并要求不参加班里的比赛。

见此，妈妈积极鼓励了小谭谭："这样好不好，你来做妈妈帮你把关。"在妈妈的鼓励下，谭谭动起手来。宝宝一边画，旁边的妈妈一边不断地鼓励："宝贝画得真不错，继续画下去会更好。"不一会儿工夫，一只可爱的调皮小鸭子出现了。从此，谭谭再也不畏惧任何比赛了。

当宝宝要求不参加班里的绘画比赛时，谭谭妈认识到这是宝宝对自己信心不足。对此，她没有生气，而是积极鼓励宝宝勇敢面对挑战。对于自己没有做过的事情缺乏信心是非常正常的，这时宝宝就需要家长鼓励，只有受到鼓励才能表现出强者的心态和精神风貌。

积极参与是取得竞争胜利的前提，而家长的鼓励是前提的前提，因为这种无形的力量会使宝宝对自己做出肯定的评价，它可以增强宝宝的自信心，它可以克服胆怯、保守和自卑心理，从而进一步激发宝宝积极行动起来，突破阻碍，奋发向上。

3. 帮助宝宝端正竞争心态

朵朵去学了跳舞，回来后爸爸妈妈让朵朵和几个邻居家的宝宝给大家表演一段，在大家的配合下她很认真地跳了一曲。完后，大家都说："你们几个跳得都不错，每人都应该得到奖励。"

朵朵急忙说："什么啊，我跳得最好看了，在班里还得第一名。"紧接着摇着爸爸胳膊问"是不是？"爸爸说："朵朵表演得最好。"朵朵这才罢休。

每个宝宝都希望自己是最好的，尤其是在多个人合作的活动中，潜意识里会把合作者视为竞争对手，这对于宝宝日后价值观、世界观的形成有重大的负面影响，作为父母我们应该教育宝宝用一个正确的心态来面对竞争。能在竞争中胜出是件值得庆幸的事，但不单单是为了表现自己，更不能视竞争对手为仇敌。

合作中有竞争，更多的是团结、相互合作、共同提高。和别人团结、协作的精神也是一种良好的品质，同样是被人欣赏的。

健康叮咛

宝宝的叛逆心理是争强好胜之源，也正是有了这份叛逆之心才有可能激发出更多的潜能，进而在与人的相处中发挥出积极向上的一面。因此，父母要正确对待宝宝的叛逆之心，利用宝宝的叛逆之心，挖掘出积极的一面，帮助宝宝成为一个上进、勇敢、创新的好宝宝。

四、宝宝爱生闷气，谁劝也没用——引导宝宝宣泄心中的不满

当宝宝对父母不满，而又没有合适渠道发泄时就容易形成对抗情绪，再加上个人性格因素，较内向的宝宝就容易生闷气，这也是种无声的抗争。

新爸新妈的烦恼

问题：宝宝为什么不听劝？

每天8点前必须起床，这是刘女士给4岁宝宝程程定的规矩。可令刘女士烦恼的是，这条规矩很难执行下去，每当到起床的时间，宝宝都一拖再拖，丝毫没有起床的意思。

一个周末，又到起床的时间了，刘女士喊宝宝起床，她很理直气壮地说："再躺10分钟。"10分钟过去，刘女士再次来到卧室，程程又开始耍赖，"妈妈，就让我再躺一会儿吧，今天又不用去上课。"

妈妈摸摸程程的小脸蛋说："再睡2分钟起床行吗？"这次程程很爽快地答应了，就这样，程程一拖再拖，直到刘女士开始发火，她才生着气勉强起床。

上述案例中，刘女士的失败之处就在于不断地向宝宝妥协，当程程提出自己的要求时，作为父母刘女士没有提出相应的应对办法。这样，即使制定了规矩，但由于一再妥协也便失去了约束力。

给宝宝约法三章、定规矩是个不错的方法，可以很好地帮助宝宝提升自我约束力，但是也要注意执行时的坚决性。比如，要求宝宝每天8

点前起床，而有的父母今天要求这个样子，明天要求那个样子，今天可以早起，明天特殊情况就破例了，这样只会让宝宝产生动摇，认为这样的规矩可有可无，自然，你再要求宝宝执行时就没有了约束力。

所有的规矩都不仅仅是立给宝宝的，同时父母也要严格遵守，以身作则。

给新爸新妈的建议

1. 建立融洽的亲子关系

下雨了，哲哲被雨打玻璃的情景迷住了。这时，爸爸走过来对哲哲说：“伸出手感受一下吧。”哲哲很开心，打开窗户，伸出了小手，一会儿又对爸爸说：“爸爸，我想出去玩。”

父子俩穿着雨衣来到了院子里，你追我赶，开心极了。爸爸也因此成为哲哲生活中最依赖的人，所以每当爸爸对哲哲有所要求时，哲哲都极力配合。

哲哲爸爸是个很爱护宝宝好奇心的人，领哲哲去雨中体验，在和宝宝的交往中与宝宝创建了很好的亲子关系，也受到了哲哲的尊敬和爱戴。生活中对于宝宝力所能及，又不危害身体健康和安全的要求，父母都应该满足宝宝，并且配合宝宝，如宝宝想扫地，父母都应该积极配合，让宝宝尽情体验成长和实践的快乐。在和谐的亲子关系中，父母会成为宝宝的好伙伴，宝宝对父母的建议也会更愿意接纳。

2. 帮助宝宝学会自我调节

小智在家里玩皮球，一不小心砸翻了桌子上放的糖果盒，东西撒了一地，妈妈大喊了一声：“别玩皮球了。”小智很不服气地说：“就要玩。”爸爸听到后喊小智帮爸爸做事，小智很快地投入到新的事情中，忘记了刚才的不愉快。

小智爸爸通过注意力转移让小智在新事情中冷却了不良的情绪影响。平时宝宝不高兴时父母可以叫宝宝去做一些别的事情，或者让宝宝学着去和人交流来自行调节和控制不良情绪。

3. 提高宝宝的心理承受力

夏夏昨天的家庭作业完成得不好，受到了老师的批评。宝宝因为这件事一天不高兴，而且今天老师还特意叫她回答问题。回家后，妈妈对夏夏说："你那点小事算什么啊，妈妈小时候就经常被老师批评，不用说骂了，还打手板呢，我们是越批评，越进步。"夏夏听着笑了，之后就不再故意不听老师话了。

夏夏妈妈以自己为例子给宝宝讲道理，把批评的事在夏夏的心理上淡化了，从侧面提高了夏夏的心理承受能力。宝宝的心理承受能力增强了，就能正确对待挫折和批评了，不至于再寻找其他不合理的方式来发泄了。

健康叮咛

宝宝在成长的过程中都会经历这样的一个时期，父母要做的就是与宝宝多沟通，多交流，给宝宝多一些关爱，多一些尊重；尽量满足宝宝的合理要求，当宝宝因不合理要求得不到满足而发脾气时，父母既不能无原则地放纵，也不能粗暴地压制。

五、谁跟他抢，他就打谁——溺爱下的“霸道”行为

“霸道”几乎成了所有宝宝的一个通病。面对霸道的宝宝，父母既担心又无奈，到底该如何对待，需要深入了解宝宝的内心。

新爸新妈的烦恼

问题：宝宝是天生霸道吗？

乔女士的宝宝帆帆今年 4 岁，生日那天乔女士给宝宝买了一个变形金刚作为礼物。那天，帆帆就带着变形金刚出去玩，在玩变形金刚时把奥特曼放在了一边。

这时旁边的小朋友洋洋看见了，兴奋地跑过来：“帆帆，咱们一起玩吧。”正当洋洋伸手准备拿奥特曼时，帆帆气冲冲地大喝一声：“不许动我的玩具！”说着狠狠地抢了过来。

洋洋友好地说：“好朋友就可以一起玩的。”

“那也不行，我的玩具谁也不能玩！”

看到这里，乔女士也走过来劝帆帆，让他和洋洋一起玩，可宝宝就是不肯让步，顿时，作为妈妈的乔女士感觉很尴尬。

宝宝心理大窥视

帆帆的霸道行为在这个年龄段的宝宝中普遍存在，不光是不准别人抢自己的玩具，包括平时凡属于自己的东西他人一律不准碰，有时即使是最亲近的爸爸妈妈也不行。这是典型的霸道行为，对此大多数父母既

担心又无奈，是什么原因导致宝宝如此霸道，我们不妨去深入地了解这群宝宝的内心。

根据儿童的一般成长发育规律，宝宝在2岁之后自我意识开始萌芽，3～6岁时是最为显著的时期，逐渐懂得区分什么是我的，什么是别人的；别人的我可以拿，但我的绝不许你碰，而且对于他人的劝解很难接受。正是有了这样的意识，使得宝宝习惯以自我为中心，时时事事以自己的想法为衡量标准，而不会从他人的观点和角度思考问题，这就形成了霸道的表现。

这是宝宝必然经历的一个阶段，谁都会或多或少有这种表现。但霸道的程度与另一个影响因素息息相关，即家庭环境的影响。

家庭不和睦同样会对宝宝的行为产生很多负面影响，如父母的性格，父母的言行，如果宝宝长期与一对脾气火爆、自私自利的父母生活，不但行为上会模仿，心理上也会很压抑，遇到事情也会用同样的方式来解决。

还有的父母对宝宝过于娇惯，吃饭、穿衣、日常都享受着公主、王子般的待遇，想要什么给什么，想做什么做什么，随心所欲，宝宝无意中就变得自私、霸道起来。

宝宝的霸道行为，对宝宝的成长更多的是负面效应，很难得到别人的尊重，久而久之，就会变得自私、贪婪。

给新爸新妈的建议

霸道行为的产生是一个循序渐进的过程，因此父母在纠正宝宝的这类行为时，同样需要采取循序渐进的方法。从短期效应来看，可以用冷处理和说理结合的方法，而从长期效应上看需要以长期的言传身教来改善宝宝的心理。具体来讲，可以参考以下四点意见：

1. 对宝宝进行冷处理

明明看到爸爸买回了两条小金鱼，就要求把金鱼拿出来放到桌子上陪他玩。爸爸拒绝了这个无理要求，而且把鱼缸放在了高处防止损坏。这下明明急了，对爸爸就是一顿拳打脚踢。

对此，爸爸并没有过多地说什么，而是转身就走，做自己的事情去了，半小时后明明也就悄无声息了。

对于明明的无理要求，这位爸爸采用的就是冷处理的方式，通过不予理睬阻止了宝宝的霸道行为。书中多次提到冷处理法，这种方法适合很多种情况，其中当宝宝提出无理要求，或者婉言相劝仍然无效时，也可以采取这种方法，对宝宝的行为不要过于理睬。暂时把宝宝置于一个较安静的无人区域内，让他自己冷静下来。父母要在不会伤及宝宝自尊，危及宝宝安全的前提下，采取这个方法。

2. 用爱来消除敌对情绪

乐乐是家里的独生子，在家里备受宠爱，有什么好吃的、好玩的全家人都会先让着他。久而久之乐乐形成了吃“独食”的恶习，对想与他分享的人充满敌意。为了及时纠正，妈妈取消了乐乐的各种特权待遇，并且常常引导他：“乐乐，给爸爸一块饼干”“借表妹这个玩具玩几天好不好？”

渐渐地，乐乐也习惯了与他人一起分享，好吃的会主动分给大家，好玩的也不会自己独享。

宝宝的霸道行为突出表现出“以自我为中心”，心中没有别人，更不懂得如何去与身边的人相处。我们常说，这与当今很多父母的教育理念有关，事事以宝宝为中心，作为父母首先要改变这种错误的教育模式，让宝宝学会爱，引导宝宝多关心身边的人，多关注身边的事。当宝宝懂得爱别人的时候，他的心中也就不会有敌对情绪了。

3. 给宝宝一点挫折教育

刚买的玩具汽车被布布不小心掉在了地上，一看摔坏了就吵着要爸爸再去买新的。妈妈说：“宝宝，这个玩具从很远的地方买回来的，今天爸爸累了，你看咱能不能改天再去呢？”一番好言相劝仍无效。

见布布不依不饶，妈妈就答应去买，但要求他一起去，正处于兴奋中的布布一口就答应了。在去的路上妈妈坚持要走着，不一会儿布布就感到很累要妈妈抱。妈妈拒绝了并告诉宝宝只有你付出了才能得到。

让宝宝亲身体验，这是一个非常重要的磨炼过程，既强化了宝宝的意识又锻炼了宝宝克服困难的能力。妈妈特意让布布与自己一起去买玩具，这个过程就是一堂生动的挫折教育课，布布从亲身经历中体会到了爸爸的辛苦。

挫折教育是指让宝宝在日常生活中，通过亲眼去看、亲手去做、亲身去体验来经历一些困难和磨炼。一定的困难磨炼对宝宝坚强意志的形成是有益的，父母可以适当地让宝宝接受一些这样的教育，让宝宝在亲身实践中体会付出的辛苦，拥有的快乐，从而知道什么东西都是来之不易的，以增强其珍惜现在的意识。

宝宝的霸道之心根本原因源于父母的溺爱，因此父母必须从自身认真反思做起，结合自己的教育经验寻找方法，这对于改变宝宝的霸道行为有着决定性的作用。再结合多花点精力，多花点时间体察，宝宝一定会有所转变的。

六、他喜欢的东西，谁也别碰——宝宝危险的“独享”意识

如果宝宝总是认为，好吃的都是自己的，好玩的不让别人动，那么父母就要重视了，这是宝宝危险的“独享”意识在抬头，必须尽早消除。

新爸新妈的烦恼

问题： 宝宝为什么那么“独”？

星星 4 岁了，什么好吃的、好玩的都想着自己独有，有好吃的从来不给别人一口，玩具也不让别的小伙伴、小朋友玩，即使那些自己用不着的东西，也不能让别人动。因此，全家人都调侃他很“小气”。

宝宝从小这样，出去怎么能被别人喜欢呢？宝宝为什么会有这样的意识？父母应该如何应对呢？

宝宝心理大窥视

像星星这样的宝宝在现代家庭很多，除了霸占自己的东西外，在外面遇到喜欢的东西还会和人去争、去抢，如果达不到目的就大哭大闹。这样霸道的行为，令很多父母担忧。

宝宝总认为好东西都是自己的，这是宝宝的“独享”意识在作怪。而宝宝为什么会有这样的“独享”想法呢？让我们一起来找找问题背后的原因。

这个年龄段的宝宝，自我意识和独立思维能力也有了很大的提高，开始有了自己的主见，对喜欢的东西会产生一种想占有的冲动。另外，现在家庭宝宝大多为独生子女，从小没有兄弟姐妹，没有与人分享的经历。长辈们都习惯于把好的东西给宝宝，如吃饭时主动把鱼、肉夹给宝宝，或者买东西时总是单独给宝宝买，如新出的罐装牛奶，只给宝宝一个人喝。宝宝从小享受特权，这会大大加剧宝宝独享东西的思想。

很多父母在平时常常会无意间感染宝宝，会对宝宝说“只给宝贝一个人吃”“全是你的”，这些话往往说者无心，听者有意，会大大歪曲宝宝对物品所有权的观念，导致宝宝认为好东西本来就属于自己。

给新爸新妈的建议

宝宝“独享”，这是一个非常不好的信号，从“独享”意识中能看到宝宝个人品质中有好胜心的积极面，但长期发展下去，更多的是对宝宝的危害，会让宝宝变得自私、冷漠，对宝宝的品质形成产生一定的负面影响，也不利于宝宝未来人际交往关系的处理。父母要及纠正，合理引导教育，帮助宝宝告别危险的“独享”意识。

那么，父母要如何纠正宝宝的“独享”意识呢？可以试试下边的做法。

1. 让宝宝明白分享的好处

凤凤家里条件很好，但凤凤平时还是很小气，她的东西不让别人玩，也不让别人碰，这晚上凤凤要睡觉了，妈妈给凤凤讲了一个故事叫《金色的房子》，故事中的小姑娘是一个和凤凤一样小气的宝宝，因为不舍得与人共享她的小房子而失去了朋友，在愿意与人分享后又得到了很多的朋友。凤凤很快就听出了弦外之音，说自己以后也要和好朋友分享东西。

妈妈通过讲故事的方式让凤凤认识到与人分享的好处和重要性。父母可以给宝宝讲一些道理，可以是单纯说教的形式，也可以让宝宝看一些相关的动画和文学作品。这样既可以让宝宝明白分享的道理，又可以提高宝宝的文学鉴赏力。

2. 让宝宝学会分享

权权是个霸道的宝宝，但非常热心，这不，邻居家的小妹来家里做客他们就玩了起来。而且妈妈还特意叮嘱权权要照顾好小妹妹，一开始他都舍不得让这个陌生的妹妹碰自己的玩具，在妈妈的劝说下，他同意一起玩。不多久两个宝宝就不分彼此了。

经过妈妈为权权安排的照顾妹妹的事件，权权终于学会了分享，学会了照顾他人，体验到了关心人，与人分享的快乐。其实，再霸道的宝宝也是宝宝，他们的心灵是无限美好的，面对比自己小的人他们懂得去照顾，况且还有妈妈的特意叮嘱。

宝宝的霸道行为是儿童自我中心的表现形式之一，帮助宝宝多从他人的角度考虑，才是治本之道。父母要多给宝宝创造与同伴在一起的机会，培养宝宝的人际交往圈，不要让宝宝一直在家里称王称霸，因为只有通过在一起这个过程，宝宝才能慢慢学会分享。

3. 让宝宝体会分享的快乐

晴晴和妈妈来到公园玩，有一群宝宝在玩堆沙堡，晴晴觉得好玩极了，很想加入的样子，妈妈让晴晴把她的小饼干分给大家吃，宝宝们吃得津津有味，很快就熟起来了，还主动邀请晴晴加入到游戏中，晴晴玩得很开心。以后晴晴总是会主动分东西给其他宝宝吃。

晴晴妈妈让晴晴在分享中感受到了快乐，从而增强了晴晴分享的积极主动性。宝宝的自私是从自身感受出发的，当分享的快乐感受大于自私的快乐感受时，宝宝自然就会变得乐于分享，所以多一些分享快乐的实践会帮助宝宝自觉摒弃自私的心理。

4. 给宝宝做好榜样

奇奇父母是人们都夸的热心肠，平时家里做个什么好吃的，总是会分给邻居吃，家里来客人了，父母也是拿家里最好的东西来招待客人，出差回来也总是会记得给大家带一些当地的特产之类的好东西，奇奇从小被感染着，也成为幼儿园里少有的乐于分享的宝宝。

榜样的力量是很大的，父母要从行为上感染宝宝，除奇奇父母的做法外，父母还可以在家里有什么东西都和宝宝分着吃或者是大人先吃。如遇到别人借东西时要表现得慷慨大方。

健康叮咛

总的来说，“好东西都是我的”是宝宝成长过程中的一种正常现象，父母只要正确教育引导，做好宝宝的榜样，为宝宝创造好的环境，给宝宝讲道理，让宝宝多体会分享的快乐，宝宝的“独享”意识自然就会慢慢减少甚至消失。

七、我的苹果不给别人吃——宝宝的“自私”初见端倪

两三岁的宝宝常常都是“小气鬼”，想从他们的手里要出一点东西是很难的。这是因为随着宝宝自我意识的发展，他们头脑中有了“我”“我的”等概念。

新爸新妈的烦恼

问题：宝宝为什么如此自私？

这天，妈妈领倩倩去集市上买了好几斤大红苹果，倩倩一路走一路吃，走着走着，妈妈也口渴了，对倩倩说：“给妈妈一个。”没想到倩倩竟脱口而出：“苹果是我的，妈妈喝水吧！”真是把妈妈给气晕了。

宝宝心理大窥视

生活中会常听到类似倩倩这样的话，“这是我的，不能给别人。”这种类型的宝宝，说话做事常以自我为中心，对喜欢的东西会要求独自享有，不能接受别人的分享，甚至不允许别人碰他的东西。宝宝为什么会变成这样呢？

在宝宝不给别人吃苹果的这件事情上，父母能很明显地感受到宝宝自私的心理，而宝宝为什么会有这样的心理呢？

自私的问题普遍存在于独生子女身上，他们集全家人的宠爱于一身，有好吃的先让着，有好玩的自己先玩。这样的家庭背景，截断了宝宝与他人合作、分享、谦让的机会，长期生活在以我为中心的环境里，

这为宝宝自私的心理打下了基础。而且，此时的宝宝心智发展还不完善，他们做事多从个人的主观意愿为出发点，很少考虑别人的感受。

此外，宝宝交际技巧比较匮乏，不会用其他的方法来进行沟通，只是直接表达自己的想法。再加上父母疏于教育，很容易产生自私的心理。太过于优越的物质生活，让宝宝的欲望无限膨胀，他们会不仅仅满足于占有自己的东西，甚至会去抢别人的。

给新爸新妈的建议

父母能无意教养成宝宝的“自私”，同样也能有意地为宝宝消除“自私”。重要的是要转变做法，可以从以下这几方面做起：

1. 取消宝宝一切特权

琪琪只有5岁，但父母对他挺“狠心”的，在家里没有任何特权。总是父母吃什么，他就吃什么，即便有好吃的东西也是按长辈、老幼的顺序来分配。只要是自己学会做的事情，一般情况下父母都不会再代劳。

在家里从来没有一点特殊待遇，只是家里很普通的一名成员。琪琪无论是对家里人还是对别人也没有过自私的举动和想法。

琪琪父母的做法很对，其实宝宝就是一个普通的家庭成员，宝宝在很小的时候需要父母来照顾，但随着宝宝个人能力的增强，父母要渐渐取消对宝宝的特殊待遇，这样成长起来的宝宝自立而不自私。

2. 让宝宝主动参与分配

志志在家里很有“说话”权，每次爸爸买回一堆好东西，都会让志志参与分配，什么给爷爷好，什么给奶奶好，还很有一套自己的说法。所以，对于志志来说，每看到一样东西，他最先想到的是谁最需要，这个更适合谁，而不是单纯的我喜欢，我要。

志志通过参与家庭决议活动来学会了合理分配，这样的宝宝面对喜欢的东西多了一分理智，少了一分冲动。所以说，生活中父母要给宝宝一个民主的环境，无论是分配东西还是做事时多商量，而不是让宝宝被动地接受。

从父母的角度看，要做到家庭成员观点一致，从现在起就要改改全家人围着宝宝转的状况，试着全家一起商议事情，形成民主的家庭氛围，让宝宝参与讨论，作出一致的决定。这样，宝宝会觉得家里的东西是全家人共享的，而不是自己一个人的，所有的事情全家人都要一起讨论，自己的说法不算数。这样，宝宝就不会以自己的想法为衡量标准了。

3. 父母要做好榜样

甜甜父母都是慷慨大方的人。平时有了点好东西，总是会分给亲戚朋友们一些，每次在街上碰到乞讨的，不管多与少，都会给点帮助。有这样的父母，甜甜从小都看会了，家里有吃的总是让父母和她一起来分享，还会让着大人吃。

甜甜父母用自己的行为给甜甜做了很好的榜样，甜甜从小就会与人分享，喜欢帮助人。所以说父母在生活中要注意自己的行为，如逢年过节多看望长辈，给困难的人多一些帮助，别人借东西时大方慷慨等，以便给宝宝一个积极向上的健康形象，让宝宝潜移默化的慢慢学习。

4. 多鼓励、表扬宝宝

幼儿园组织宝宝参加给山区献爱心活动，让每个宝宝都捐一件东西，回到家里，丝丝挑来挑去，这个也舍不得，那个也舍不得，妈妈拿着一件丝丝以前穿过的棉衣说：“丝丝，这个冬天有的宝宝还因为没有一件厚衣服挨冻呢！这件也小了你不能穿了，不如就捐这件吧。”丝丝想了想，点点头。第二天，老师还表扬了丝丝。再以后听说哪里有献爱心活动，丝丝都会主动参加。

丝丝在妈妈和老师的鼓励下，从不乐于参加捐献活动转变为积极主动参加。父母可以在对宝宝晓之以理的同时对宝宝多加鼓动和表扬，这样能很好地激发宝宝参与的主动性。

另外要注意，父母切不可当着别人的面说宝宝“小气”“自私”之类的话，这样会令宝宝有抵触情绪，自私行为也会愈演愈烈。

关于培养教育宝宝，父母其实只需换一种方式和做法，就会带来不一样的效果。对待“自私”初见端倪的宝宝，父母要对宝宝保持一颗平常心，给宝宝做好榜样，多鼓励、表扬宝宝，多引导宝宝体会分享的快乐，宝宝自然会慢慢摆脱“自私”的心理，变得胸怀宽广、大方热情。

健康叮咛

自私的宝宝总是活在自己的世界里，在这种意识的驱使下会关闭和人交流的大门，这会成为宝宝融入集体与社会的障碍。这个时期的宝宝年纪尚小，人格品质并未定型，父母要早日帮助宝宝逆转自私的心理。

八、不让做什么，偏要做什么——宝宝是在故意与你对抗

随着宝宝年龄的增长，他们开始与父母故意对抗，要他向左，偏要向右，无论如何劝导也无法说服，这也是逆反心理最突出的表现之一。

新爸新妈的烦恼

问题：宝宝的对抗情绪来自哪里？

严女士的宝宝浩浩曾经是个很乖的宝宝，满 3 周岁以来开始变得调皮起来，总是和妈妈逆着来。不让做什么，他却偏要去做，爸爸在看报纸不让打扰，他偏要捣乱；妈妈让饭前洗手，他偏不洗。

一天，严女士刚拖完地，浩浩就随爸爸玩耍归来，一进门，严女士就对父子俩说：“你俩快点换上拖鞋”。浩浩不仅没搭理，还理直气壮地说：“就不换，你能把我怎么样？”说着径直走回了卧室。

宝宝这样的行为，真是把严女士气坏了。

宝宝心理大窥视

在日常生活中，像浩浩这样的宝宝是最常见的一种，他们对父母的话常常表现得十分反感，更有甚者，会语言诽谤和行为攻击。父母不让做，宝宝偏要做，那么，宝宝为什么表现得如此叛逆呢？曾经有心理学家研究发现，这多与宝宝心中的不良情绪无法得到很好地宣泄有关。

研究指出，宝宝只有在一些特定的情况下才会有上述行为，比如，上述例子中的浩浩，宝宝不让爸爸安稳地看完一份报纸？也许宝宝也想看但遭到了爸爸的拒绝，也许宝宝想让爸爸陪他玩而爸爸完全没意识到；同样，宝宝不珍惜妈妈的劳动成果也是有原因的。总之，当宝宝逆着家长来的时候，一定是在表达自己内心的不满。

一般来讲，在教育宝宝的过程中有以下几种行为有可能引起宝宝的反感：

（1）不要以父母的威权来教育宝宝。

（2）在宝宝犯错时，不要用简单粗暴的语言批评宝宝，比如，大声呵斥、责骂，甚至动手打，这些行为都会让宝宝反感，产生顶撞报复的冲动。

（3）平时要注意自己的言辞，防止伤害到宝宝自尊心，如“真笨”“这么简单也不会”等要尽量不说，以免让宝宝与父母产生隔阂。

（4）不要做絮絮叨叨的父母，这也不对，那也不对，从而让宝宝产生抵触情绪。

（5）不要只从个人喜好出发，强迫宝宝做不喜欢的事情，而完全忽略了宝宝的感受。

当这些不满淤积在心里，无法得到宣泄时，宝宝只能通过这些不良行为来表达。作为父母，我们不要把焦点聚集在宝宝行为本身，而要看到行为背后的心理状态，并结合宝宝的行为作出反思。

给新爸新妈的建议

宝宝总是这样，让做什么偏不做，这不仅不利于父母对宝宝进行教育，不利于亲子关系的融洽发展，也不利于宝宝的健康成长。要减少宝宝这样的逆反行为，最重要的是帮助宝宝宣泄心中的不良情绪。

那么，父母如何有效的帮助宝宝宣泄心中的不良情绪呢？我们可以这样来做。

1. 帮助宝宝消除对抗情绪

周周父母离异，周周一直对爸爸都很有敌意，有一次爸爸周末领周周出去玩，周周很不情愿地来到公园里，爸爸说：“周周，别往草坪里走。”可周周就是不听，故意踩草坪。妈妈知道后对周周说：“其实爸爸也是很爱你的，父母不在一起是有别的原因的。你不光要爱妈妈，还要爱爸爸。”后来，周周也愿意听从爸爸的话了。

妈妈通过讲道理从源头上打开了周周的心结，周周和爸爸的关系变得好了。父母可以有针对性地给宝宝语言上的感化，或者给宝宝讲故事、读一些文学作品，提高宝宝明辨是非的能力，这样宝宝就能学着去理智地看待问题，减少冲动。

2. 从宝宝实际出发提要求

真真5岁了，妈妈要出差几天，临走时叮嘱爸爸给真真布置点学习任务。可回来发现宝宝什么也没做，原来是爸爸要真真一天就学写三个数字，真真总是刚拿起笔就不想写了。后来，妈妈规定真真每天只写一个数字，而且会手把手教真真好几遍，就这样真真每天的作业完成得又快又好。

真真爸爸为真真制定的学习要求对于一个5岁的小宝宝来说太高，不光宝宝完成不了，也会在很大程度上打击宝宝学习的积极性，而真真妈妈为真真减少了学习任务，而且通过先教后写的方法达到了很好的学习效果。所以说父母在为宝宝制定目标和提要求时，要切实考虑宝宝的实际情况，或者询问宝宝是否可以完成。还要提醒的是父母对宝宝的一切要求都要以宝宝的能力、安全、健康为前提。

健康叮咛

每一个宝宝都是可塑的，父母只要用心去聆听宝宝的心声，理解宝宝的感受，用尊重的态度，再加上科学的方法去教育宝宝，相信在父母潜移默化的引导下，宝宝自然就会跟随父母的脚步，不断前行。

第七章

看似缠人实则亲昵的依赖之心：宝宝独立性较差的映射

宝宝独自做事或独处时，因个性懒散或动手能力差会引发一些行为，比如，不会穿衣服，不会收拾玩具，大小便后非要等妈妈擦屁股等。

独立性较差、生活自理能力差，是依赖性强的表现，这种情形在6岁宝宝身上非常常见，究其原因在于父母的教养方式错误。比如，过于溺爱，过度保护，倒水怕烫着，做点事怕累着，宁可让宝宝在家里玩电脑、看电视，也不放心宝宝到外面和小伙伴玩耍，这更是压制了宝宝独立性的发展。

父母在生活上过分照顾处处包办代替，也会造成宝宝的依赖性强，时间长了，必然变得自理能力差，甚至变得懒散。尽管大多数宝宝在6岁之前，自理能力有限，但千万不可让他们产生过于依赖的心理。否则，将会影响到以后的发展。作为父母，我们要有意地培养宝宝的独立意识，并循序渐进，彻底消除他们的依赖心理。

一、宝宝黏人，不允许妈妈离开——内心寻求被爱抚的表达

宝宝黏着父母，是对父母一种变相的依恋，有这样的行为既是这一年龄段宝宝的生理需求，同时也是他们心理需求的表达。

新爸新妈的烦恼

问题：宝宝为什么老黏着不放？

张女士有了宝宝莹莹之后，为了更好地照顾她就辞职做起了家庭主妇。当莹莹3岁后，张女士决定重新出去工作，于是，她把老家的婆婆请过来帮助照顾莹莹。不料，这可愁坏了张女士，宝宝根本不理会这位陌生的奶奶，天天黏着自己，每次出门前，宝宝都会抱着黏糊一会儿。

对此，张女士都是看在眼里，疼在心里。该放弃工作照顾宝宝呢，还是放弃宝宝去工作呢？张女士陷入了两难的境地。

宝宝心理大窥视

张女士的困惑也正是现实生活中很多年轻妈妈的缩影，常常摇摆于宝宝和工作之间。对于这种情况，有不少父母认为，宝宝黏人是一种性格缺点，若这样下去宝宝永远学不会独立，永远离不开爸爸妈妈。

那么，父母该如何看待宝宝的这种黏人行为呢？事实上并没有那么糟糕，宝宝黏人是他生理上、心理上的一种情绪表达，是对妈妈的特殊的爱。依恋是3～6岁宝宝的“专权”，而且他们可以在这种行为中获得满足感，享受愉悦感。

在宝宝的成长过程中，都会或多或少地对身边的人或物产生一定的依恋。比如，自己的父母，经常玩的玩具，甚至身边一粒小小的纽扣等。从宝宝生理发展角度来看，这是一种必然，因为促使宝宝产生依恋的根本原因是缺少安全感，研究表明，当生命体从母体脱落的那一刻就有一种安全感上的缺失，而这种缺失需要在母体之外的环境中获得弥补。当宝宝处在一个陌生的环境中，或者遇到陌生的人时，就会产生一种不安全感，从而对他身边的人形成依恋。

对于宝宝来讲，能给他安全感的莫过于自己的妈妈，正如美国心理学家鲍尔贝所说，“心理健康最基本的东西是宝宝应当有一个与母亲（或代理母亲）之间的温暖、亲密、联系不断的关系，这种关系一旦形成，会影响宝宝一生的发展。”从这个角度讲，这种稳定的情感纽带更有利于宝宝的良好成长。

可见，依恋妈妈是宝宝对安全感的寻求，是内心不安情绪的一种表达。无论宝宝多大，在妈妈离开之后内心都渴望得到关怀和疼爱。

给新爸新妈的建议

从上面的分析中看出，宝宝依恋妈妈是一种情绪的表达。对待宝宝的依恋情绪，我们不能只看表面，需要上升到心理的高度。然而，任何事情都是有好有坏，至于这种“依恋”的爱对宝宝成长有积极作用还是消极作用，关键还要看作父母的如何来引导。

下面是几种宝宝对妈妈的依恋类型，我们可以根据不同的类型来进行有针对性的引导：

1. 安全型

琳琳是一个非常缠人的宝宝，只要妈妈在场她就表现得很活跃、开心，积极地玩耍。当妈妈离开时就会表现出苦恼和不安，当妈妈回来时又很容易平静下来，继续玩耍，做自己的事情。

琳琳这种表现完全属于一种正常的依赖之心，由于害怕陌生的环境，害怕独处，内心缺乏安全感，出于心理的需要对妈妈有一种天性的依恋。

对于宝宝的这种依恋，妈妈不必过于担心，相反，要给宝宝更多的爱抚，母婴之间的感情联系具有先天基础。6 个月至 2 岁之间对养育者产生明显的依恋行为，这个阶段如果宝宝离开了依恋对象就会产生健康焦虑和反抗。因为你哺育宝宝并给了宝宝爱，所以宝宝对你产生了依恋的情感。依恋情感对宝宝心理的发展是很重要的，对于宝宝将来的社会适应性、交往技能有着重要的影响。

2. 反抗型

在妈妈的眼中宁宁是一个不懂事的宝宝，妈妈一离开他就会大喊大叫，极度反抗。有一次，她去超市买菜就把宝宝托付给爸爸照顾。宝宝非要跟着前去，妈妈边安慰宝宝边离开。半个小时后，当她从超市回来后，宝宝仍在声嘶力竭地哭闹。对此，妈妈无奈至极，甚至以后再也不敢长时间离开宝宝。

宁宁这种依赖之心已经非常严重了，即使妈妈回来了，也很难安抚其激动的情绪。对此，做妈妈的千万不可“纵容”下去，否则宝宝会变本加厉。对于宝宝这种表现，妈妈可以尝试着间隔性地离开宝宝，让宝宝逐步地适应妈妈不在的日子。比如，多为宝宝准备几个玩具，时不时地调换，调动宝宝的兴趣。这时，宝宝通常会表现得非常有兴致，而暂时忽略了妈妈的存在，趁着宝宝的兴致，你可以离开或者去做其他的事情。

3. 回避型

王女士是某公司的高管，产后不到两个月就开始上班，宝宝则交给了请来的保姆。一段时间之后感觉保姆还称心如意，王女士便放心了不少，再加上工作的确忙因此更加少照看宝宝，回家也比较晚。

一次，她出差回来马上就给宝宝打电话，电话中宝宝“妈妈”“妈妈”地亲切叫着。可她风尘仆仆地赶回家想抱抱宝宝时，宝宝却没有那么亲热，试探几下后却重新钻进了保姆的怀中。这一举动令她有些惊愕，惊愕之余甚至有些心痛，自己的宝宝怎么与自己越来越疏远了呢？

在宝宝中有这样的一种“依恋”，他既想接近依恋对象，又在刻意回避依恋对象。就像有的宝宝本来很想念妈妈，可妈妈一旦回到身边又本能地拒绝。

这种类型的依恋常常会给妈妈造成一个错觉，即宝宝并不依恋妈妈。其实恰恰相反，这正是宝宝强烈依赖心的表现。只不过平时缺少这方面的引导，宝宝把这种依恋深深地埋在了心里。这种情况常常发生在父母和宝宝长时间不见面的家庭中，父母与宝宝心理上已经开始出现隔闵。这种征兆是非常可怕的，由于这段时期是宝宝性格形成的转折点，如有不慎，很有可能导致宝宝出现各种心理、行为问题，如攻击性、焦虑、躁怒、胆小等。

对于这类宝宝，父母要给予更多的关注，经常带宝宝参加一些集体活动，让宝宝去接触更多的人，并尝试与同伴交往；在宝宝受到挫折时要在旁边鼓励他，帮助宝宝逐渐学会克服困难。只有这样，才能为以后宝宝感情交流、同情心打下良好的基础。

这三种“黏人行为”，第一种是最好的状态，只要保持这种状态就能够加速宝宝社会化的进程。所以我们在对待宝宝的依恋心理时，不可采取“一刀切”的态度，不能全面否定，也不能采取放纵的态度，完全忽略，而是要学会根据宝宝的成长特点、规律去引导，该鼓励的去鼓励，该防范的去防范。

二、宝宝高度依赖宠着他的人——谨防“依恋”发展成“依赖”

依赖性是指宝宝对妈妈或身边的人产生一种严重的依赖心理。依赖心理是不健康的心理，会致使宝宝在以后的成长中缺乏独立性。

新爸新妈的烦恼

问题：宝宝为什么只爱宠他的人？

苹苹今年3岁了，由于爸爸忙于工作基本上都是由妈妈独自照顾。小苹苹平时很少与爸爸见面，从小到大几乎跟妈妈生活在一起，从未离开过妈妈。妈妈对这个宝贝也是疼爱有加。所以，苹苹对妈妈非常依赖，妈妈在身边，她才能安心地吃饭、玩耍；如果换做其他人，还没走近，她就用眼睛盯着他看，如果有进一步的动作，甚至会因感到恐惧而哭泣。

宝宝心理大窥视

上一节我们讲了宝宝的依恋行为是一种正常的生理心理反应，但当宝宝对某一人或物过度“依恋”，就会演变成一种“依赖”。依赖与依恋有着本质上的区别，它正是由过度“依恋”转化而来的，造成的后果也很严重，比如，宝宝没有主见，独立性较差等，将来还有可能影响到性格、人格的形成。

苹苹的行为是典型的“依赖”行为，最突出的表现就是依赖专宠自己的人，在见到陌生人后有恐惧感。苹苹由于长时间与妈妈独处，从而淡化了与其他人相处的欲望和能力，所以在离开妈妈见到陌生人后会感到心理恐惧。相反，如果她是一个有个性、活动能力强的宝宝，则可能会有较少的依赖行为。

生活中，我们经常会见到这样的宝宝，在家里妈妈走到哪儿就跟到哪儿，或坐在母亲身上，或紧紧地依偎其旁，稍大的宝宝连做功课都要爸爸妈妈陪着，在医学上，这种不正常的行为称为依赖行为，依赖行为是指婴幼儿对某一特定的人或物有严重的依赖倾向，在依赖对象离开后会有明显的心理反常，这对他们以后的个性发展是极为不利的。

宝宝的这种特性很大程度上是由家庭环境决定的，是与父母的教育态度、方法息息相关的。如，过于娇生惯养，样样都由父母安排停当的宝宝通常会有这种倾向。

依赖行为因年龄不同表现也各不相同。年幼者喜欢与成人，特别是与母亲的躯体接触。如喜欢让母亲抱着或坐在母亲腿上，站立时紧抱母亲不放或紧紧地依偎其旁，不愿与其他小朋友玩耍。年龄稍大的则表现为干什么事自己都不能作出决定，对他人的依赖性胜过自己，什么事都要寻求他人的帮助和赞许。依赖的对象也因年龄而不同，年幼时依赖父母，长大后依赖老师或其他成人，以后倾向于依赖自己的小伙伴，他们缺乏独立思考和作出判断的能力，将来有碍于事业的成功。

给新爸新妈的建议

妈妈与宝宝交往的态度和行为，是决定他们独立性强弱的两个主要因素。负责任的妈妈能够与宝宝形成健康的依恋关系；反之，有些妈妈正是对自身的行为没有约束，从而使得宝宝依恋情结转化为依赖行为。那么，作为父母，如何来锻炼宝宝的独立性呢？

1. 为宝宝的“独立”创造机会

齐女士的宝宝刚刚6个月，有一天她抱着宝宝的时候，突然感到宝宝的两个小腿非常有力地向后蹬。于是，她把宝宝放在床上，宝宝则有想起来的倾向，只不过两腿力量不够，最终没有起来。而后，宝宝身体前伏，变成爬行的姿势，并努力地向前挪动。为了引导宝宝，齐女士在宝宝面前放了一个玩具，宝宝看到玩具显得异常兴奋，终于爬出了自己的第一步。

爬行是宝宝独立意识的萌发，通常在7个月后就会出现，8个月的宝宝身体能力得到了很大的提高，已能开始爬行，到了9个月大的时候就能自己爬出一段很长的距离了。学会了爬，宝宝就能够自主地移动自己的身体，活动范围逐渐扩大，他的认知范围也扩大了。父母应该帮助宝宝，为宝宝的“独立”创造机会。

其实，宝宝在每个阶段都会有不同的动作，而且随着宝宝的成长，这些动作越来越成熟。比如，3个月时，宝宝就会表现出手舞足蹈的样子，这些都是宝宝走向独立的开始，父母要懂得去保护，并激发他们的这种潜能。

2. 让宝宝离开妈妈，“独立”行走

琳琳8个月大的时候就开始学走路，10个月时已经可以自己走了。尽管有些踉踉跄跄，但是妈妈也没有急于去搀扶。时间长了，琳琳就养成了走路不要别人扶的习惯，做妈妈的其实是十分担心她会摔倒的，每次看到宝宝踉跄几步，就想上去扶一把，可为了锻炼宝宝的独立意识，琳琳妈也就收了手。

没有一个宝宝是不好动的，没有一个宝宝不喜欢自己做事。凡是宝宝自己能够做的事，父母就应当让他们自己去做。有的家长过分呵护宝宝，不敢放手，使得宝宝胆小，不敢离开母亲，安全依恋就无法建立，宝宝就特别的黏人。这样某种程度上宝宝就失去了与人交往、认识事物的机会。

父母不能让宝宝从小养成依赖的习惯。宝宝对母亲的安全依恋使得宝宝勇于离开母亲，自如地探索外界，宝宝相信他的母亲不会丢弃他，当他需要妈妈的时候，妈妈会及时地给予他们保护。父母要从小培养宝宝生活的独立性，鼓励他们自己能够完成的事尽量自己做，避免依赖行为的发生。

3. 让宝宝学会“独立”思考

对于这类宝宝要坚持让他自己的事情自己做，尤其是在生活细节方面，要培养其独立思考、独立完成作业的习惯，避免事事代劳。遇事情多让宝宝自己拿主意，尊重宝宝的选择。这样宝宝对自己的行为会作出负责的选择，再不会整天磨着你帮他干这干那，也不会不知深浅地提出无理要求。

健康叮咛

依赖性强表现为宝宝缺乏自立、情绪不定，改变这种个性的根本出路是必须培养宝宝的独立意识。这对于依赖行为的治疗是非常有效的，任何父母不得有松懈和宽容的想法，更不得中断，否则很可能会失效。

三、宝宝对“母乳”情有独钟——对妈妈的一种变形“依赖”

母乳是婴幼儿最自然、最安全、最天然的食物，营养丰富，为宝宝的成长提供所需的营养。但是有些宝宝过于迷恋母乳，这就是一种危险信号。

新爸新妈的烦恼

问题：宝宝为什么离不开母乳？

程女士的宝宝将近 3 岁仍是以母乳为主，一天 5 次：清晨、中午、傍晚、睡前，夜里还要吃。有时奶水比较少他吃几口就着急地哼哼，再塞给他还是吃，看到宝宝着急的样子，程女士一直没有舍得断掉。随着奶水越来越少，她为宝宝准备了一些辅食：每天上午一个蒸蛋黄，中午添加 100ml 的奶粉，晚上添加 50ml 的稀饭或营养米粉。令她没想到的是，宝宝对这些根本不感兴趣，尽管很饿也非要吃母乳。

一方面是自己奶水不充足；另一方面是宝宝拒绝吃辅食，程女士对此很担忧，生怕饿坏了宝宝。

宝宝心理大窥视

程女士的宝宝之所以拒绝辅食，是因为对母乳产生了依赖性。现实生活中这样的事情非常多，很多小宝宝只恋母乳不吃饭，一旦吃不饱就天天吵闹不休。宝宝对母乳情有独钟也是一种“依赖性”的表现，这种依赖性是隐性的，很容易被妈妈忽略掉。因为对大多数妈妈来讲都希望宝宝得到更好的哺乳，宝宝想多吃点自己的奶又有何错？

这种想法是极其错误的，宝宝对母乳的依赖，与对人或物的依赖一样，从长远来看都不利于宝宝的身心健康。

首先，过度地依赖母乳影响宝宝身体的发育。据专家研究发现，母乳只适合与1岁之内的宝宝，随着宝宝的不断成长，母乳提供的营养元素远远不能满足其身体吸收的需要。所以，有很多育儿专家都说，1岁是断奶的最佳时期。断奶，就意味着宝宝需要脱离婴儿时期单一的饮食习惯，减少母乳，增加辅食，用营养较为丰富的辅食来弥补母乳的不足。从这个角度讲，长久地依赖母乳并不是一件好事。

其次，过度地依赖母乳影响宝宝的心理健康。对于宝宝来讲，无论过度地依赖什么东西都不是一件好事。母乳本是哺乳宝宝的一种方式，而很多宝宝则将其看作一种溺爱方式。很多时候他们要求吃奶并不是饿，而是因为想从妈妈那寻求更多的关怀。这样下去，久而久之，就会产生一种恋母情结，对宝宝健康心理的形成产生负面影响。

出现这种情况，不但搞得妈妈心绪不宁，最重要的是可能影响到宝宝的健康成长。那么，为什么会出现这样的情况呢？主要有两个方面的原因：

一是妈妈不正确的喂奶习惯，比如，夜里吃七八次过于频繁，让宝宝过多接触母乳，会使宝宝对母乳形成依赖，甚至对乳房本身形成一种畸形的依赖。

二是添加辅食的不正确，辅食的搭配好坏，很大程度上能影响宝宝对母乳的依赖程度。就像例子中的程女士，在给宝宝搭配的辅食中，完全不符合宝宝这段时期的饮食规律。蛋黄对一两岁的宝宝来说意义不大，不但没有营养，还容易引起过敏。

给新爸新妈的建议

为弱化宝宝对母乳的依恋，父母应该早点为宝宝断奶，补充辅食。这既是生长的需要，也是心理需要，但是如何来给宝宝断奶，如何科学地搭配辅食却是有很多技巧的。盲目地进行反而会影响到宝宝的健康。

1. 尽早断奶

程女士的宝宝枝枝现在快1周岁了，按理说，已经快到了断奶的年龄。可宝宝仍然对母乳情有独钟，白天，每当饿的时候都不忘滚在妈妈的怀中吃奶；晚上睡觉时还必须边吃母乳边睡，夜间醒来也需要以母乳来安抚睡去。直到如今还没断奶，程女士担忧一直这样下去，断奶会成为一件更麻烦的事。

正常来讲，宝宝断奶的最佳年龄是1周岁，然而，对于这么大的宝宝来说从完全靠吃奶到断奶，可不是件容易的事情。断奶的方法科学，大人孩子都很轻松；但如果方法不当，妈妈和宝宝都很难受。而且断奶后，必然要进入一个转奶期，如何由母乳轻松转入奶粉喂养也是非常重要的阶段。其间的酸甜苦辣只有经历过的妈妈们才深有体会。

断奶前每日哺喂次数约为5～8次，我们以5次为例，用一个月的时间逐步减少喂母乳次数达到断奶目的，妈妈可以视宝宝的适应状态缩短或延长进程。

一月断奶进程表

准备断奶前	第一周	第二周	第三周	第四周	彻底断奶
1：30 半夜里直接喂母乳	1：30 半夜里直接喂母乳	1：30 半夜里直接喂母乳	1：30 半夜里直接喂母乳	1：30 半夜里直接喂母乳	1：30 喂配方奶或喂水，逐步断夜奶
8：30 妈妈出门前直接喂母乳	8：30 加入配方奶的辅食	8：30 加入配方奶的辅食	8：30 加入配方奶的辅食	8：30 加入配方奶的辅食	8：30 加入配方奶的辅食
12：30 喂妈妈挤出来的母乳	12：30 喂妈妈挤出来的母乳	12：30 先喂配方奶，再喂挤出来的母乳	12：30 配方奶	12：30 配方奶	12：30 配方奶
18：00 吃过辅食后等妈妈下班回来直接喂母乳	18：00 吃过辅食后等妈妈下班回来直接喂母乳	18：00 吃过辅食后等妈妈下班回来直接喂母乳	17：30 含奶量极高的辅食	17：00 配方奶，1小时后喂晚餐的辅食	17：00 配方奶，1小时后喂晚餐的辅食

续表

准备断奶前	第一周	第二周	第三周	第四周	彻底断奶
20：30 睡前妈妈直接喂母乳	20：30 睡前妈妈直接喂母乳	20：30 睡前妈妈直接喂母乳	20：30 睡前妈妈直接喂母乳	20：30 睡前喂配方奶	20：30 睡前喂配方奶

2. 增加辅食

米女士有个可爱的宝宝叫睿睿，8个月大的时候断奶。断奶之后，就开始给她吃辅食，刚开始宝宝拒绝吃饭。可米女士每次都要给宝宝精心做着吃，就在宝宝一周岁生日的时候，她还特意给宝宝做肉松蛋糕吃。尽管睿睿还没长出几颗牙，把肉吐得满桌子都是，可吃得非常香。由于米女士的精心调制，睿睿每天都能吃到可口的饭菜，她再也不闹着吃奶了。

宝宝1岁以后就应该以辅食为主了。但是在营养的搭配上要多花费些心思。总原则是要考虑营养均衡，只有均衡的营养才能满足正在长身体、长智力的宝宝的需要。下面，我们就列了一个简单的表格，供妈妈们参考：

方　案　一		方　案　二	
7：00	半碗粥，适量肉松，半个鸡蛋	7：00	青菜粥，鸡蛋半个
9：00	配方奶100毫升，2块饼干	9：00	配方奶100毫升，饼干2块
12：00	菜肉烂饭，骨头汤	12：00	肉末菠菜，烂面汤
15：00	配方奶200毫升，水果适量	15：00	配方奶200毫升，水果适量
18：00	蒸鱼饼，番茄豆腐鸡蛋汤	18：00	菠菜鸡蛋粥，适量肉松
睡前	配方奶200毫升	睡前	配方奶200毫升
方　案　三		**方　案　四**	
7：00	半碗小米粥，炒碎菜，半个鸡蛋	7：00	番茄豆腐，白米粥
9：00	配方奶100毫升，小蛋糕1块	9：00	配方奶100毫升，小蛋糕1块
12：00	鸡肝软饭，鱼头汤	12：00	青菜鱼丸面
15：00	配方奶200毫升，水果适量	15：00	配方奶200毫升，水果适量
18：00	番茄豆腐鸡蛋汤，肉末饼	18：00	排骨粥，胡萝卜土豆泥
睡前	配方奶200毫升	睡前	配方奶200毫升

从以上四种方案中，我们注意到一个细节：无论采取哪一种方案，都不能脱离配方奶。这是因为宝宝在断奶初期，不能直接由奶粉喂养过渡到杂粮，否则，会损坏宝宝的消化系统。再者，宝宝所需要的大量蛋白质仍主要靠牛奶来供应。因此，每天至少饮用配方奶500～600毫升。对断奶后的宝宝进食辅食需要遵循由少到多、由稀到稠、由细到粗、由单一到多样的原则。

然后，逐渐过渡到以粮食、奶、蔬菜、鱼、肉、蛋为主的混合食品，奶与食品相搭配，满足宝宝的生长发育。比如：面条、米粥、馒头、小饼干等，可以供给宝宝热量；动物血、肝类、菠菜等，可以保证铁的供应。另外，烹制时要注意色、香、味、形，才能吸引宝宝，且要细、软、碎，不宜煎、炒、爆，以利宝宝消化。

健康叮咛

宝宝对母乳的依恋，不但容易养成不良的饮食习惯，更重要的是不利于宝宝的长远成长。因为，随着妈妈奶水的减少，宝宝年龄的增长，母乳所富含的营养已经远远不能满足宝宝的需求了。

四、宝宝时时不离“毛毛熊”——增加肌肤的接触，赶走内心的焦虑

如果宝宝整天地守着玩具不放，否则就会神情不安，那么可以断定，宝宝可能患上了“玩具依赖症”，这是孤独症的前期表现。

新爸新妈的烦恼

问题：宝宝为什么离不开玩具？

星星6个月大的时候，妈妈给她买了一个毛毛熊，她非常喜欢，白天抱来抱去，晚上还要放在枕边，或者干脆当枕头使。如今，宝宝4岁了，对毛茸茸的玩具产生了“感情”。前几天，朋友又送给她一只可爱的大熊猫，星星很高兴，很快便与它成了最知心的朋友。

然而，妈妈听说毛毛熊身上掉落的毛对宝宝呼吸系统不好，就试图把毛毛熊拿走，可宝宝就是抱着它死死地不放。一次，趁着宝宝不在，妈妈把她的大熊猫藏了起来。没想到，宝宝回来后到处找，找不到还急得眼泪汪汪，连饭也不吃了。

宝宝心理大窥视

宝宝这样，作为妈妈有时的确感到很委屈，对宝宝倾注的爱，到头来还不如一只毛绒玩具？但是，反过来想一下，情况真的是这样吗？如果你真的在宝宝身上倾注了全部的爱，宝宝会在玩具身上找安慰吗？事实上，很多宝宝之所以依赖玩具，就是因为父母常把玩具看作是安慰宝

宝的精神食品。

就像例子中的星星，几个月大的宝宝正是需要妈妈的时候，她得到却是一只毛毛熊。这样，就会使得宝宝对妈妈那种爱的需求转化为对毛毛熊的需求。只要有那个熟悉的毛毛熊在眼前，宝宝就会把受安慰的模式和那个毛毛熊整合在一起，于是一受到委屈就想要抱着毛毛熊哭，或者一焦虑也要毛毛熊。时间长了，宝宝将难以摆脱这个不真实的“伙伴”，甚至形成过多地依赖毛毛熊的行为，这将直接导致宝宝怀疑自己的能力。久而久之，宝宝就依赖上了毛毛熊，认为只有抱着毛毛熊才能得到温暖、得到慰藉。

对于宝宝依恋玩具这一现象，在教育心理学上称之为“玩具依赖症”，具体表现在，一旦与玩具分离，便会表现出情绪低落、烦躁、不停哭闹、不吃不喝、不睡等反常行为。这些行为如果任其发展下去，宝宝的性格可能会变得更加孤僻，而且，年龄越小的宝宝，越容易产生这些症状。

那么，宝宝为什么会对玩具产生依赖性呢？这是由于宝宝情感缺失，内心孤独所致，如果宝宝内心缺乏双亲的抚慰，就不得不依赖玩具，尤其是毛毛熊，布娃娃，或者小棉袄等能为他们提供慰藉的东西，就成了他们唯一伙伴。宝宝都会通过搂抱、亲吻，或者倾诉等来排解心中的不安，借此来获得想与双亲在一起的心理上的慰藉。久而久之，与父母的感情越来越疏远，而与能缓解焦虑不安情绪的玩具却越来越亲近。

所以，作为父母，一定要控制宝宝对玩具的依赖性。如果发现宝宝有对玩具产生依赖的倾向，要及时纠正。平时多与宝宝在一起，即使再忙也要抽出一定的时间，多给予宝宝一些亲情抚慰，如拥抱、亲吻等肌肤上的接触。

给新爸新妈的建议

从上述分析中可以看出，宝宝过度依赖玩具，是过度依赖外在事物的表现。宝宝对毛毛熊特殊的“爱”，不是仅仅出于好奇、喜欢，而是有一种特殊的意义——“情感上的弥补”。所以，我们不能单纯地看待这个问题，针对宝宝的这一行为，父母应该采取不同的办法及时制止。具体可以从以下几点做起：

1. 多拥抱宝宝，用“爱”代替玩具

以前，航航一委屈就去抱个毛毛熊，为了改变他的这种坏习惯，妈妈每天在上班之前都要拥抱一下宝宝。一开始，宝宝还没有明显反应，自顾自地玩毛毛熊。大概半个月后，妈妈就发现，宝宝会主动拥抱妈妈。每当下班回来刚进门，航航会马上扔掉手中的毛毛熊，蹒跚着迎上来拥抱妈妈。

父母的拥抱对宝宝来说是天下最好的礼物，适当地给宝宝拥抱能令宝宝获得精神上的满足。经常被父母拥抱的宝宝，会大大减少把各种小玩具当成“保护神”的机会。有的妈妈把拥抱当作“奖赏”，只有宝宝在表现好、听话时才给予。这种观念是片面地，拥抱应该是经常的，尤其是在宝宝感到不安和紧张时，更要多拥抱他。因为这时的拥抱对宝宝来说，就是一种爱的表示，可以让宝宝明白：我在你身边；我永远爱你。

2. 引导宝宝远离依赖的玩具

涛涛非常迷恋自己的玩具大狗熊，时时不忘带着。爸爸为了不让宝宝对这些玩具产生依赖性，想了很多办法，比如，在出门前，他让宝宝和毛毛熊说声“再见”，时间长了，宝宝就习惯了和毛毛熊的分离。或者不断地变换宝宝的玩具，让宝宝玩遥控小汽车，再玩一段时间的积木。尽可能地让更多的事物来分散宝宝的注意力，从而让其摆脱对某种单一事物的依恋。

让宝宝体验带他所依恋事物（毛毛熊）的不便，从而可以隔离他所依恋的某物。如果宝宝已经形成了依赖毛毛熊的习惯，父母也不可立马禁止宝宝玩毛毛熊，可以采用转移注意力的方法。如不断变换宝宝的玩具，让他摆脱对单一玩具的依赖；或者和宝宝一起玩一种新奇的游戏，引起宝宝的兴趣，把宝宝的注意力从这种令他爱不释手的物品上移开。还可以慢慢地限制他和毛毛熊在一起的时间，让宝宝与毛毛熊逐渐分开。

3. 减少宝宝外出携带玩具的机会

莉莉是一个文静的小女孩，人见人爱，但她却有一个怪毛病，那就是每天与她的布娃娃形影不离。有一天早上，妈妈带她去逛街，她非要带布娃娃一同出去。妈妈不同意，没想到她却为此大哭大闹。一直到那天下午妈妈抱她时，她也是用仇恨的眼神望着妈妈。

父母可以在每次外出时，给宝宝定下规矩，一次只能带一个玩具，让宝宝根据自己的喜好必须做出选择，如果宝宝执意要带着他所依恋的玩具出门，比如毛毛熊，可以尝试着让他自己拎着他的毛毛熊去商场转一圈，几次之后，他就会明白带着这个大型玩具去商场是不方便的。

健康叮咛

宝宝的成长需要父母的爱、需要父母的陪伴。只有宝宝得到了父母更多的关爱，他们才有安全感和幸福感，不会感到孤独和焦虑，更不会从“物”的身上寻求温暖。过度依赖玩具是缺乏安全感的表现，如果发现宝宝有这样的行为，父母要积极反思，自检是否忽略了宝宝。

五、睡觉前必须抱着棉被——多陪陪宝宝，增强宝宝的安全感

有些宝宝总是喜欢抱着棉被入睡，这样的行为同样是缺乏安全感的表现，基于此，父母需要多陪陪宝宝。

新爸新妈的烦恼

问题：宝宝爱抱着棉被睡，是什么习惯？

亭亭3岁那年，形成了一个非常奇怪的习惯，每晚睡觉的时候必须将小棉被搂在怀里。爸爸妈妈几次让她放弃都不肯，并试着在她睡着的时候偷偷拿走，但刚拿走宝宝就醒来，而且一旦发现小棉被不在身边，就会很抓狂的又哭又闹，再也无法入睡。只要将小棉被放到手里，立马安静下来。

有时候，看着宝宝搂着小棉被一副很知足、陶醉的样子，夫妻俩再也不忍心打扰宝宝。就这样，这一习惯保持到宝宝5岁。

宝宝心理大窥视

现实生活中，像亭亭一样喜欢抱棉被睡觉的宝宝也许不多见，但有类似癖好的宝宝则不少，比如，抱枕头、布娃娃、抱毛茸茸的玩具等，这类宝宝对身边的日用品有着特殊的情结。尤其是晚上必须放在身边，否则就难以入睡，或者半夜醒来等。

从这种行为来看，宝宝之所以会这么做，可能是内心缺乏安全感所致，那么，宝宝为什么会缺少安全感呢？让我们一起走进他们的内心世

界，认真理解宝宝不安情绪背后的真实原因。

首先，缺少与父母足够的交流，在宝宝幼小的心灵里，总是渴望父母能一直陪在自己身边，可父母偏偏因为工作而没有充足的时间去共处。这样，久而久之，宝宝就会对身边的物产生依赖性。如果在晚上，枕头、小棉被之类的东西就容易成为宝宝的陪伴，它们就像一个忠实的守护神始终如一陪伴，在与这些物品的相处中宝宝建立了深厚的信任感。

父母与宝宝相处的不稳定性和短暂性让宝宝失去了安全感，这是造成宝宝感到孤独的重要原因，另外一些原因与父母的教养方式有关。

比如，有的父母会为锻炼宝宝的独立性，早早就让宝宝独自睡觉，有的父母会为宝宝制定些不切实际的目标，3 岁学会多少英文单词，学会多少加减法等，这种超负荷的压力会给宝宝造成很大的心理负担，从而使宝宝产生不安全的感觉。

还有些父母在教育态度上有了问题。比如，有的父母喜欢以朋友的方式与宝宝相处，对宝宝太过于溺爱，太过宽容和迁就，这种行为看似平等实则容易失去父母该有的威严，让宝宝产生误解：这样的父母如何给自己安全感？

给新爸新妈的建议

面对宝宝幼小而脆弱的心灵，面对宝宝喜欢抱棉被入睡，父母如何才能增强宝宝的安全感呢？建议父母朋友们这样做。

1. 为宝宝提供安全和谐的成长环境

宁宁有一对让人羡慕的好爸好妈，父母既是宁宁的好伙伴，又是宁宁的好老师。和宁宁一起游戏，又常为宁宁答疑解惑。家里布置得温馨浪漫，父母相处和睦，宁宁健康活泼自立，当好多宝宝都还在喜欢抱着小棉被睡觉时，宁宁早已经习惯了自己独自入睡。

健康和谐的环境对宝宝安全感的建立很重要，故事中的宁宁就是一个成功的事例典范。在家庭中，父母之间应表现得恩爱体贴，这会让宝宝有很大的精神安慰和愉快感。父母要多和宝宝进行交流和沟通，在家多和宝宝谈话、游戏，外出也可以给宝宝打电话，或者为宝宝安排生活，让宝宝生活在被父母的关注和呵护之中，这样有助于宝宝对父母安全感的建立。

2. 父母要积极关注宝宝

阿休的父母平时很忙，最近回家阿休都睡着了，而且手里还紧紧抱着被子，妈妈心里真是难过极了。之后妈妈特意请了两天假陪着阿休，晚上睡觉时，妈妈躺在阿休的身边，阿休开心地拉着妈妈的手，不再迷恋小被子了。

阿休妈妈用对阿休的关注很成功地让宝宝从棉被情结中走了出来。宝宝都渴望被父母关注，在父母的关注中宝宝才能感受到爱的传递，不用再担心父母是不是会离开，是不是会不理我了。关注宝宝的方式也是多种多样的，可以是一起游戏，也可以是身体接触，如抚摸、拥抱等，还可以谈话。总而言之，父母的关注会为宝宝提供很好的安全感。

3. 鼓励宝宝要勇敢

志刚5岁了，睡觉还是喜欢搂着小被子，并且会自言自语说，“搂着小被子什么都不怕。”妈妈说：“妈妈比你还小的时候晚上都敢一个人去院子里，晚上也是一个人睡觉，你现在还搂小被子，羞!”志刚显得很不好意思，妈妈顺手拿走了小被子，就这样志刚度过了没有小被子的第一个夜晚。

妈妈通过讲自己小时候的事让宝宝进行比较，鼓励宝宝从内心勇敢起来，而不是借助小被子的力量。父母在平时可以有意培养宝宝的冒险精神，锻炼宝宝的胆量，如领宝宝去野外郊游，去爬山，或者是做一些探险游戏等。

4. 对宝宝进行心理辅导

亲亲最近晚上睡觉总爱问妈妈：“大老虎会在睡着的时候跑到家里来吗?”而且妈妈一关灯，亲亲就会紧紧抱着她的小棉被动也不敢动一下。妈妈对亲亲说：“大老虎离咱们远着呢，而且有人看着，被关在笼子里，是来不了的。”亲亲这才会慢慢松开手中的小被子，放心地睡了。

父母要寻找宝宝搂小被子的原因，有针对性地进行心理疏导，故事中的亲亲是因为害怕大老虎，亲亲妈妈有针对地给宝宝解释，宝宝的心结打开了，自然不会再借助小被子来增强安全感了。父母们可以特意学习一些基本的儿童心理知识，对宝宝进行心理辅导。

安全感在儿童的心理发展中具有非常突出的影响，父母要尽早重视起来，对宝宝睡觉抱“棉被”这类安全危机行为及时纠正，合理引导，让宝宝的身心健康发展。

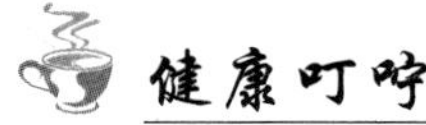

健康叮咛

宝宝爱抱异物睡觉是典型的缺少安全感的表现，长期这样会造成心理上的缺陷，影响人格的形成。所以，如果你的宝宝喜欢抱棉被入睡，就要给予适当的引导，并从心理层面给予更多的理解和关怀，帮助宝宝进行心理修复，维护其心理健康。

六、把作业“托付”给父母做——宝宝“依赖性”的典型行为

不少上学的宝宝总爱把写作业当作一件难事，有的宝宝甚至把作业“托付”给父母，这是一种变相的依赖行为。

新爸新妈的烦恼

问题：宝宝为什么不喜欢家庭作业？

张女士的宝宝康康，6岁了，在家里号称“游手好闲”之人，事事都有爸爸妈妈代劳。如今，上了幼儿园大班，老师会定期布置家庭作业，比如，练习英语单词、手工画等，可康康总是不能专心地完成。

每当写作业时，康康一会儿要吵着喝水，一会儿吃东西，一会儿又上厕所，一会儿摆弄摆弄玩具。有时候还要妈妈代劳写作业。对于宝宝这样的行为，妈妈张女士可谓是愁白了头。

宝宝心理大窥视

很多宝宝对“家庭作业”普遍比较反感，速度慢，不专心，从而就出现了康康这样的行为。对于父母来讲不得不承担些“帮宝宝写作业”这样的无奈之举。

大多数父母把宝宝不愿意完成家庭作业的原因归结为，不够勤快，不够专心，缺乏耐心。其实，这只是表面现象，把自己的事情托付给爸爸妈妈代做，这是一种典型的“依赖性”行为。因为宝宝知道父母肯定会为自己做，他们才会放心地交给父母，换个角度理解，如果父母从不

为宝宝代做任何事情，宝宝心中也不会有这个念头。

从这个角度来看，宝宝不做家庭作业与父母的做法也有莫大的关系。

我们知道，在很多家庭宝宝很少亲自动手，什么事情都是父母代劳，以至于从小养成了非常严重的依赖心理。

就算是写作业也总是会最先想到让父母帮忙。或者有些父母观念差，平时宝宝在想做事时，父母嫌宝宝麻烦，或怕危险，怕这怕那，限制宝宝的行为，扼制了宝宝做事情的机会，这样成长起来的宝宝一般动手能力都比较差，动手欲望差，所以在写作业时会出现写作业慢、不想写作业的现象。对于平时很少独立完成一件事的宝宝，缺少生活实践锻炼，做事持久性差，对事情的专注性差，在写作业时就会出现很难坚持写完作业的现象。再加上年纪小的宝宝注意力不集中，玩心重，很容易被周围别的事情吸引，而不能专注学习，如听到大人讲话插嘴，会跑出去偷看电视，或者写着写着就玩开了。

有的家庭环境很嘈杂，如家里人多说话声音大，电视声音大，宝宝视线内有让宝宝分心的物品，也会影响宝宝写作业的专注力。不能专注写作业的宝宝往往也不能专注听课，在老师讲课的时候就会出现思维中断，课堂效果差，没听懂，自然也不会写作业，所以难以完成。而对于妈妈来说，平时习惯于为宝宝办事，或者看到宝宝写不下去就心软，而轻易接受宝宝的“托付”，在父母的纵容下，宝宝的行为会愈演愈烈。

给新爸新妈的建议

这样长期下去，不仅会影响宝宝的学习，而且慢慢会让宝宝变得厌学，对宝宝的发展只会是有百害而无一利，纠正宝宝“托付”父母写作业已经是刻不容缓的事情，急需父母高度重视起来。

那么对于这些把作业“托付”给他人来写的宝宝，父母如何才能将宝宝从“偷懒”的泥泞中解救出来呢？

1. 给宝宝提供无干扰的学习环境

妙妙平时写作业总是有好多好多理由，老写不下去。这天，妈妈特意把妙妙安排到东西最少的一个房间里，而且规定写作业期间不能吃东西、喝水。家里谁也不能看电视，不能去妙妙写作业的房间里。大人谈话要到别的房间，不能让妙妙听到。坚持一星期后，妙妙写作业果然是快多了。以前写两小时的作业，现在一小时就能写完了。

妙妙在无干扰的环境里写作业，效率有很大的提高。无干扰的环境不光包括耳朵里听到的还包括眼睛里看到的，所以父母要将宝宝写作业的地方整理得干净整洁，不要摆放和作业、学习不相关的东西，房间外家人要保持安静，不要大声看电视，也不要大声喧哗。

2. 培养宝宝写作业的时间观念

小草的妈妈为小草规定了作息时间，每天晚上7点开始写作业，而且写作业时间也采取计时的方法，小草写起作业来很有时效，而且还会每天自己和自己比写作业时间，小草每天都会按时写作业，而且早早就写完了。

妈妈用规定的做法很好地培养了小草按时写作业、专心写作业的好习惯。给宝宝规定时间写作业时，父母要先进行监督和指导，然后才能慢慢逐步放手。时间长了，宝宝会形成很好的时间观念，而且在未来的学习中也会懂得为自己合理地安排和计划时间。

3. 锻炼宝宝独立完成作业

以前妈妈会守着小芽写作业，小芽总是爱不停地问妈妈，这也不会那也不会。最近妈妈总是让小芽一个人待在房间写作业，如果碰到不会的最后一起问。结果，小芽的问题明显比以前少了很多。

妈妈守着宝宝写作业容易让宝宝有依赖心理，小芽妈妈让小芽单独写作业效率明显提高了。让宝宝慢慢习惯于一个人单独写作业，教宝宝用查字典、从课本上找等方法自己解决问题。

4. 力所能及的事让宝宝多做

芳芳以前总是事事靠妈妈，写作业也是懒于动手。后来，从暑假开始，妈妈让芳芳自己的事情自己做，从穿衣、吃饭再到洗衣服，还会让芳芳帮父母做事，芳芳渐渐变得勤快起来。作业也不像以前那样懒得动笔了。

宝宝懒于写作业和平时的行为习惯有很大的关系，从来不做事的宝宝，做作业自然也是懒得做，芳芳妈妈从平时着眼，锻炼宝宝的做事经验，宝宝变得勤于动手，自然也就愿意写作业了。

另外父母在面对宝宝写不下去作业时一定不要手软、心软，接受宝宝的“托付”，那样只会加重宝宝的“偷懒”心理。

健康叮咛

希望父母能从此改变自己的言语与行为，多让宝宝自己做力所能及的事情。乐于做事的宝宝自然乐于写作业。此外，还要为宝宝提供好的学习环境，培养宝宝写作业的时间观念，宝宝自然会成为一个乐学、好学的好宝宝。

第八章

看似费解实则易懂的恐惧之心：宝宝情感脆弱的映射

每个人都有过恐惧的体验，这是包括人类在内的所有动物自我保护的本能。但恐惧这种情绪在 1～6 岁宝宝身上表现得尤为突出，有时甚至令我们这些成人难以理解。

比如，怕黑、怕雷、怕高、怕水、怕影子、怕某种动物、怕警察、医生等。这些在成人看来非常普通的事物，都可能对宝宝造成一定的惊吓。那么，1～6 岁的宝宝为什么容易产生恐惧心理呢？恐惧的产生源于对陌生事物或未知现象认知的不足或偏差。

从这个角度来看，宝宝很大一部分恐惧心理是生理、心理完善过程中的表现。同时，宝宝对每一种恐惧的克服，都是其认知和心理成长的一次重要经历。比如，父母可恰当地运用宝宝的恐惧心理，对其进行教育和激励。运用宝宝对做错事的恐惧心理，引导他们行为规范化。

因此，只要不是疾病（特殊情况），父母大可不必惊慌，只要给宝宝耐心解释，正确引导、安慰和鼓励，就可以帮助他们消除恐惧感。

一、见到陌生人，害羞拘谨——出于自我保护心理的本能

我保护心理是每个小宝宝都有的本能属性，在遇到陌生的人或物时都会或多或少表现出来。

新爸新妈的烦恼

问题：宝宝为什么害怕见陌生人？

杨女士带 4 岁的宝宝菲菲回了一趟老家，小宝宝长得很可爱，亲戚朋友非常喜欢她。有的逗她说话，有的想抱抱她。菲菲表现得极不自然，不停地拒绝，有的时候害怕得甚至要哭出来。菲菲平时胆子就小，前两年，宝宝开始对妈妈产生依恋，不肯离开妈妈，同时伴随而来的是，宝宝变得怕生。没想到她在陌生人前这么害羞拘谨。没办法，妈妈只好说：“唉，这宝宝就是不爱说话。”

在日常生活中，宝宝“认生”是一种常见的现象，很多宝宝见到陌生人，言行上都难免会有些拘谨，就像例子中的菲菲在见到从未谋面的叔叔阿姨之后，无形中就对他们形成了戒备之心。对于这样的情况，新爸新妈大可不必过分担忧，从宝宝的生理发展规律来讲，认生是每个婴幼儿必经的阶段。随着年龄的增长，这种情况会有所好转，所以，只需要等待一段时间，当宝宝与陌生人逐渐熟悉起来之后就会有所好转。

值得注意的是，如果宝宝到了 6 岁后仍有些“怕生”，就是一种不正常的现象了。这时，父母就要引起注意，并进行相应的治疗。

宝宝心理大窥视

专家发现，婴儿在出生三四个月后是不会认生的，任何人接近，他都不会拒绝。而到了6个月后，宝宝逐渐长大反而开始认生起来，不敢见陌生人。如果有陌生人试图接近，他很有可能躲进妈妈的怀里。从这一点看，宝宝的认生心理并不是天生就有的，而是随着年龄的增长，外在环境的变化而产生的。从心理学上分析，这是出于自我保护心理，宝宝面对陌生人必然会产生一种陌生感，无形中就有把自己保护起来的意识。

通常来讲，造成宝宝“怕生”的原因有两个：

1. 环境因素

现代大多数家庭多为三口之家，宝宝身旁只有爸爸妈妈，住的又是高楼独户，关上门就是一个小天地。宝宝每天大多数时间面对的只有自己的父母，长时间地与外人隔绝，慢慢在心理上形成一种“定势”：只有与父母在一起才最安全，最自在。所以，在见到陌生人时会有不安全的感觉。

2. 教育不当

宝宝产生“怕生”心理，除了客观环境的影响外，另一个重要原因是父母的主观意愿造成的。不少父母为了宝宝的安全，常常用陌生人吓唬宝宝，给宝宝灌输陌生人的负面信息。比如，不要接近陌生人，不要随便和陌生人说话。这些话不是不应该说，而是在表达方式上，给宝宝灌输这些信息的时候出现了偏差，从而使得宝宝对陌生人产生了偏见，见了陌生人就变得胆小、谨慎。

这些主、客观因素都是造成宝宝怕见陌生人的原因，总而言之，都是父母人为地限制了宝宝的活动范围和交往机会，使宝宝不能充分地认知外界的信息。可见，改变宝宝“怕生”的习惯，父母需要从自我做起。

给新爸新妈的建议

害羞、怕生并非天生，更不是无药可救。当发现自己的宝宝有“怕生”的问题时，千万不能急躁，更不能指责、怒骂宝宝。相反，宝宝“怕生”主要是因为不安全而带来的恐慌感。只要增强宝宝的空间把控能力，“怕生”的情绪就会逐渐降低。父母要保持耐心，从宝宝的身上找出原因，对症下药。要帮助宝宝克服怕生的缺点，可以采取以下四种有效的办法：

1. 先熟悉周围的人

3 岁的艳艳是个害羞的女孩，不愿意出门，不愿意与人交往，就喜欢待在家里围着爸爸妈妈，一旦见到生人就变得拘谨起来。

为此，妈妈经常请邻居、朋友带着宝宝到家里做客，以给艳艳一些与人交往的机会，让其慢慢熟悉以后，逐渐改善怕见人的这种情况。比如：经常和左邻右舍打个招呼，问个好；和熟悉的、性情温和的、年龄稍大几岁的小朋友一起游戏；再慢慢过渡到走亲访友，去公园和同伴嬉戏，利用乘车、散步的机会和陌生人接触等。

有些宝宝看似很开朗，但在陌生环境，遇到陌生的人立刻会“怕生”，其实，这也是一种心理恐惧。人是陌生的、环境也是陌生的……如果一个空间感把握很强的人，就会迅速调整心态，寻找熟悉的感觉，或许是人，或许是一个东西，当他自信有把控环境能力时，就会变得心态平顺、语言流畅。

2. 让宝宝见多识广

齐女士的宝宝林霖 4 岁了，胆子非常小，尤其怕见生人，为了改变宝宝的这个毛病，齐女士经常带他到公园、健身房等人较多的公共场所去玩，并尽可能创造条件，让宝宝学着与陌生人交往。

遇见同龄的小朋友，齐女士都要停下来鼓励他与小朋友聊上几句；外出乘车、购物或者就餐时，让宝宝试着去付款，或者让宝宝去咨询些什么问题等。经过锻炼，林霖意识到陌生人并没有想象中那么可怕，并敢于积极主动地去与陌生人聊天了。

多给宝宝创设外出活动、与人交往的条件，使宝宝随着年龄的增长，不断地扩大认识及交往范围，使他在和陌生人的交往中，不断地增强感知能力和记忆能力。

3. 给宝宝一定的时间

王女士的宝宝望望 3 岁，家里来了客人，王女士让他给客人端盘水果。没想到，望望一下子扑进了妈妈怀中，不敢再回头。

对此，王女士并没有责备，更没有强迫他继续。只是先让他去内屋，大概10分钟以后，望望出来了，手上还端着一盘点心，见到望望出来大家都笑了。

尽管宝宝还有些害羞，但在妈妈的鼓励下还是照做了。上述事例表明，只要给宝宝时间，宝宝会慢慢熟悉起来的。当父母发现宝宝怕见陌生人时，一定不要大惊失色，更不要对宝宝大骂、怒视，而是应该宽容地给他们更多的适应时间。

在对待宝宝怕见生人这个问题上，不能操之过急，要以一颗平常心去面对。多给宝宝创造机会，让宝宝多接近他人，多与同龄人交流。只要多给他们一点适应的时间，宝宝慢慢地就会熟悉，胆子也会大起来。

二、宝宝多梦失眠，常被惊醒——寻求更多安全感的心理

宝宝多梦失眠、夜间被惊醒已经成了困扰父母的一大难题。解决这一难题的关键是要了解宝宝的睡眠心理，根据宝宝的心理状态制定策略。

新爸新妈的烦恼

问题：宝宝为什么常被噩梦惊醒?

易女士的宝宝莲莲今年 5 岁，一年前，她把宝宝送往了全托学校。宝宝大部分时间都住在学校，只有周末或假期才能回家与爸爸妈妈一起住。

一次，易女士发现宝宝晚上总爱醒，拍拍她一会儿又睡着了，但一晚上总时不时地醒好几次，有时还伴随着轻微的哭泣声，像是受了委屈。刚开始，易女士还认为这是宝宝做噩梦产生的恐惧之心，问莲莲怎么回事，她也说不出什么具体的事情来，总说睡不着觉。易女士断定这肯定是失眠的症状，怎么办呢?

宝宝心理大窥视

人的一生中至少有 1/3 的时间是在睡眠中度过的，而对几岁大的宝宝来讲，这个时间还会有所延长。然而，几乎每个宝宝都被多梦失眠困扰过，就像例子中的莲莲，总会莫名其妙地被惊醒，有时还伴随着惊叫、哭泣等。对此，很多父母还真是束手无策。

如果宝宝存在严重的多梦失眠，则需要对其进行调理。宝宝多梦失眠属于睡眠失调，包括入睡难、夜间易醒、睡眠周期短等现象都属于这一范围。这与宝宝的生理、心理和气质特点有关，与自身生存外部环境也有关。比如，食物过敏，曾经受过某种惊吓，周围环境扰乱的情况等，都有可能导致宝宝的睡眠质量差。这就需要父母引起足够的注意，及时对宝宝进行睡眠调理。

还有的宝宝多梦失眠，是出于一种恐惧之心，由于每个宝宝的身心健康程度不同，生存环境不同，每个宝宝失眠的原因也不尽相同。在这里我们总结出了6种常见的影响因素，有助于父母对宝宝的情况进行进一步的分析。只要对以下6种影响因素有所了解，就能顺藤摸瓜，找出影响宝宝睡眠的具体原因：

1. 生理因素

饥饿、过度疲劳、机体疼痛，以及哮喘、牙疼等生理因素都可能引起宝宝的失眠多梦。这些因素是最常见，最普遍的因素，也是在得知宝宝失眠之后最先考虑到的问题。如果了解到宝宝有这种症状之后，就应该多从这些方面入手，祛除这些不适症状。

2. 药物因素

宝宝生病服用的某些药物对睡眠也有一定的副作用，比如，兴奋剂、镇静剂、甲状腺素等都会不同程度地诱发失眠。所以，当宝宝有必要服用某种药物时，父母有必要咨询医生，在医生的指导下服用。

3. 环境因素

睡眠环境的舒适度是造成失眠的重要因素之一。比如，空气湿度、负离子含量、卧室温度、卧具的选择等。所以，父母一定要对宝宝的卧室进行定期地整理，为宝宝的睡眠营造一个良好的环境。

4. 大脑紧张

大脑长期处于紧张状态容易造成神经衰弱，这种情况在学习压力较大的宝宝中比较常见。现在很多父母爱子心切，在学习方面施加的压力大，报各种兴趣学习班，强迫学习等，使得他们小小的年纪就背上了沉重的学习包袱，久而久之，必然会影响到睡眠质量。

5. 情绪压抑

与大脑紧张紧密相连的另一个重要因素就是情绪的压抑，我们知道现在的很多宝宝承受压力的能力大大减弱。在受到老师、父母的批评，或者与同学发生矛盾之后，宝宝情绪波动很大。有的宝宝带着情绪入睡，其实，这种情况下很难真正地进入深睡眠状态。

6. 本人性格

经常失眠与宝宝自身的性格也是分不开的。一般来讲，在性格上偏内向，胆小、自卑、没有自信心，或者依赖性强、控制能力较差的宝宝更容易患上此种疾病。可见，从长期来讲，培养宝宝的良好性格也是必不可少的。

给新爸新妈的建议

宝宝多梦失眠与自身的生理、心理、外部环境密切相关，因此，对宝宝进行失眠调理显得非常重要，它能使宝宝身心逐渐地恢复到常态。从调理的不同角度来讲，调理方法也有很多种，比如，饮食调理、生物钟调理等，下面我们就来介绍几种常见的调理方法：

1. 多给宝宝吃有利于安神的食物

李女士的宝宝 4 岁了，近 1 年以来宝宝吃得不多，睡眠状况也非常差，睡觉时手脚老是动，有时还会哭几声。由于怕宝宝饿，李女士每天睡前就给宝宝补充一瓶牛奶，大概半年以后，李女士逐渐发现宝宝睡眠状况得到了好转。

原来，牛奶中含有人体中必需的氨基酸——色氨酸，这种氨基酸有安眠作用。每天睡前喝一杯牛奶，能增加人体胰岛素的分泌，增加色氨酸进入脑细胞，促使人脑分泌睡眠的血清素，对于失眠多梦有很大的缓解作用。

科学饮食对于治疗多梦失眠非常有效，除了牛奶之外，还有核桃、大枣、桂圆、莲子等食物都可以对失眠起到一定的缓解作用。如果宝宝的睡眠状况较差，不妨给宝宝多吃一些有利于安神的食物。以下是列出的一些有助于安神的食物，仅供参考：

利于减轻宝宝失眠的食物

种类	作　　用
牛奶	牛奶含微量吗啡，有色氨酸等物质，具有镇定安神作用，可以促使人安稳入睡。
核桃	核桃是一种滋养强壮品，可治神经衰弱、健忘、失眠、多梦和饮食不振。
大枣	大枣含蛋白质、糖、维生素C、钙、磷、铁等，有补脾安神的作用。
桂圆	桂圆味甘性温，补益心脾、养血安神，可医失眠健忘、神经衰弱等。
莲子	莲子具有养心安神的作用，心烦梦多者可服用，莲子心加盐少许，水煎，每晚睡前一次。
苹果	水果中含有果糖、苹果酸以及浓郁的芳香，可诱发机体产生一系列反应，生成血清素，有助于睡眠。
醋	劳累难眠时，可取食醋1汤匙，放入温开水内慢服。

2. 帮宝宝制定作息时间表

李女士家的宝宝嘉嘉今年5岁，睡觉要挤在爸爸、妈妈的床上，晚上玩到很晚，不管爸爸妈妈怎样哄劝，就是坚决不肯睡。白天还要上学，为了让宝宝有一个好的睡眠，李女士就为宝宝制定了一份作息时间表。其中就有这样一条规定，每天21：00之前必须躺下。

从人的生理机能来看，23：00～3：00是肝胆排毒的最佳时间，也是深睡眠最有效的时刻，因此这一阶段的睡眠最重要。而且对宝宝来讲，最好提前1～2个小时睡觉，因为入睡之初不能称之为真正的睡眠。例子中的李女士为宝宝嘉嘉制定的作息计划表是合理的，不仅保证了睡眠时间，还保证了睡眠质量。

3～6岁，是培养宝宝独立睡眠的关键时期。完善的睡眠结构是儿童健康成长的重要保障。因此父母需要给宝宝制定一份合适的作息时间表，规律的作息时间不仅仅有利于宝宝形成良好的睡眠习惯；从长远来讲，对身心健康、个性的形成也有很大促进作用。

3. 给宝宝营造良好的睡眠环境

玉玉是同伴中最有精神头的宝宝，活泼大方，学习好，这都源于他有个舒适的睡眠环境。原来，在玉玉上幼儿园大班之前，妈妈就为他单独准备了一间卧室，并做了尽心的装饰。玉玉最喜欢妈妈准备的一段轻音乐，虽然听不大懂但是却离不开它。每天写完作业，他都会听着音乐，在温暖的被窝里静静睡去。

舒适的环境有利于宝宝入睡，提高睡眠质量。3～6 岁的宝宝大都能独自睡觉，父母可以精心装扮一下宝宝的房间，墙壁、窗帘、地板等都要符合宝宝的年龄特征，兴趣偏好等。同时，在布置房间的时候尽量让宝宝参与其中，听取宝宝的意见，以增强宝宝的内心自豪感。

4. 睡前避免从事刺激睡眠的运动

王菊夫妇都是电视迷，每天晚上吃完饭都要习惯性地坐到电视机旁，每当这个时候，宝宝涛涛就黏糊在爸爸妈妈旁边，看到很晚，久而久之也离不开电视了。结果，宝宝的睡眠质量也越来越差，常常半夜说梦话，被噩梦惊醒，第二天不能按时起床是常有的事。

人的大脑活动是由中枢神经支配的，如果过多地受到外界的干扰和刺激，就会处于一种兴奋状态。而且这种状态会持续一段时间，如果在睡前过多地做运动、看电视、玩电脑等，大脑就难以从兴奋的状态恢复过来，这样，势必会影响到宝宝的睡眠质量。

作为父母，在睡前不要让宝宝的大脑处于高速运转的状态。相反，要引导清空宝宝的大脑，舒缓宝宝的心情，比如，听听舒缓的音乐，讲一段幽默的小故事等。

健康叮咛

宝宝经常存在多梦失眠的现象，需要提醒父母的是，这没有大家想象的那么糟。因为小宝宝的睡眠是有周期性的，一夜有 4～6 个睡眠周期，每一个周期后会醒来，这个时候，妈妈只需要少量的哺乳，轻微的安抚、拍哄、轻摇即可。

三、宝宝不善表达，少言寡语——激发宝宝张口说话的欲望

语言是表达思想和情感的工具，有的宝宝不爱说话或者说话少，很可能是发音器官发育晚的问题。但是其他人为原因同样不可忽视。

新爸新妈的烦恼

问题：宝宝少言寡语，不爱讲话怎么办？

程女士是一位小学教师，她的宝宝小雨已经 4 岁了，可平时寡言少语，连几句完整的话都不会说，也不愿说。问他什么也不回答，或简单地回一句了事。原来，在宝宝小时候，只要他一哭，程女士就立刻明白什么意思，很快就能满足宝宝的需求。

当小雨学语时，刚发出一个简单的音，她就立刻懂得要干什么，甚至一个简单的手势也能明白。逐渐地，宝宝习惯了什么都不说，时间久了也就变得懒得表达了。

在日常生活中，不善于表达的宝宝很多，但像例子中的小雨已经 4 岁多了还无法说句完整话的宝宝不多见。从案例来看，小雨可以排除生理上有缺陷，其不善表达的情况与妈妈的教养不当有关。比如，“宝宝只要一哭，妈妈就立刻明白宝宝的需求”“宝宝刚发出一个简单的音，妈妈就立刻懂得宝宝要干什么。”程女士的这些举动无意中限制了宝宝的语言发展，扼杀了宝宝的语言天赋。

语言是人类独有的交流工具，只有在实践中不断地锻炼才能发展起

来，否则就会逐渐地退化。很多父母只知道为自己了解宝宝一举一动的需要而自豪，却忽视了宝宝自身发展的需要。作为父母，我们在宝宝学习语言表达的初期，要引导宝宝去说。

这充分说明在语言发展方面，父母的全权包办是行不通的，会限制宝宝语言能力的发展，因此父母必须要特别注意，积极鼓励宝宝去表达，或者通过有趣的语言类游戏，去激发、培养宝宝对语言的兴趣，以及表达的愿望。

宝宝心理大窥视

宝宝说不清楚，或者寡言少语时，大多数的父母会感到不安。但是遇到这种情况没有必要马上去治疗。因为宝宝的语言发育要分年龄看，语言教育专家认为，语言发展是随着宝宝不同的生长发育阶段不断发展的，在5岁之前有明显的年龄特征。所以，在这一时期内，出现异常现象很有可能是暂时的，父母要有足够的耐心。

下面我们就来了解一下不同阶段，宝宝的语言特点：

1～2岁：

这一阶段的宝宝开始学说话，你会偶尔发现一个词从他嘴里“蹦”出来。或许你也听不懂他说的是什么，不过不用担心，这时宝宝口齿不清是很正常的，这是宝宝大脑中管理语言能力的智能中枢在和宝宝一起成长。

这时候父母要做的就是给宝宝营造一个良好的语言环境，让宝宝在一开始就能准确、清晰地发音。

2～3岁：

这一阶段的宝宝已经基本掌握了“说”的能力，能够理解他人的话，并开始对他人说出来的东西感兴趣。这说明宝宝已经有一定的思考能力，在表达之前会整理自己要说的话。当然还不能像成人那么控制自如，所以这个年龄段的宝宝经常会出现断句、重复。（切记，这不是结巴）

在这一阶段，新爸新妈需要注意的是，密切关注宝宝的声带发育，定期带宝宝去体检，以便发现某些原因造成声带发育不全。

3～5岁：

这一阶段的宝宝简直变成了一个小精灵，会背《三字经》、会唱歌，更喜欢模仿大人说话。因此，这个时候是宝宝学说话的关键阶段，身边的人对他的影响非常大。比如，你说话方言严重，宝宝绝对跟你一样，如果你口齿不清，那么宝宝也很难说一口流利的普通话。

这些特征决定了宝宝的语言发展，大多数宝宝出现语言异常，通常都是他所在年龄的语言发展特征的外在表现。

给新爸新妈的建议

由上分析得出，每个宝宝在不同的年龄，语言表达情况也是不尽相同的，对不同年龄段的宝宝，我们对他们的语言发展要求也应不同。比如，两三岁的宝宝如果出现口吃现象，那很有可能是正常的；有的宝宝说话少，很可能与自己的性格有关系。所以，在教育问题上，父母要有分别地对待，不要因宝宝笨嘴拙舌而打击宝宝，而应采取更多的支持与帮助，给宝宝创造一个宽松的语言环境，好的语言环境也有助于宝宝的语言发展。

1. 了解宝宝语言的年龄段特征

琪琪学说话一直都很顺利，妈妈为此也感到特别自豪。可不知道怎么回事，2岁以后，妈妈发现，琪琪说话开始有些结巴，而且少言寡语，不愿意说话，舌头就像变得突然不听使唤了。有一次，她向妈妈要一个苹果："妈——啊——妈，给我一个苹——苹果……"这下把妈妈弄得十分担心，生怕琪琪以后变成结巴。

案例中琪琪的现象是她这一年龄段特有的现象，妈妈完全没有必要担心。据有关调查显示：在2～6岁的宝宝中，约有80%的会阶段性地出现口齿不清的问题。这一切正是宝宝语言能力日臻成熟的表现，在尚未完全成熟前，自然会运转受阻。

由于宝宝在说话的同时，大脑在高速运转，以便把杂乱的感觉和体会经过大脑加工、整理，然后转换为词语，再说出来。在这一思考过程中，语言能力受到大脑的控制，因此宝宝表达上会出现断断续续、重复的现象。

2. 积极引导，平时要和宝宝多交流

常女士的宝宝小林今年6周岁，上小学一年级，无论在家里还是学校都不太爱讲话。有时候，妈妈带他去外面时，别人问什么也不讲。对

于这种情况，常女士也非常着急，每天下班后都要陪他学习，给他讲故事，但是仍没有明显好转。

除了生理发展会影响到宝宝的说话外，外在环境也是一个重要的因素。如果父母没有给宝宝营造一个有利于充分表达的环境，那么宝宝的说话欲望也会被抑制，例子中的小林就属于这种现象。为此，父母在家里要预先多去引导，多与宝宝沟通，比如，从书本、画报、影像中多找话题，试图发现宝宝的兴趣等，为宝宝创造一个良好的表达氛围，以最大限度地引起宝宝说话的兴趣。

3. 鼓励宝宝，做他最好的听众

刘女士的宝宝似乎天生就爱讲话，而且特别依赖妈妈，很多时候围在妈妈身边叽叽喳喳说个不停。妈妈晚一点回家就总是不断地打电话，不回来就不睡觉。刘女士平时非常忙，回家后又很累，因此经常不会顾及宝宝想说话的欲望，有时候甚至觉得“烦人”，对宝宝不理不睬，逐渐地宝宝很少围在她身边讲话了。

父母应该是宝宝最好的听众，这对宝宝很重要。有的宝宝其实特别想说话，想表达自己的意见，想与父母分享自己的快乐。但由于表达能力有限，再加上父母不够重视，有时免不了被打断或取笑。久而久之，宝宝就会有意识地回避与父母谈话，甚至不想与任何人谈话。父母应努力倾听宝宝的话，并给予积极肯定和鼓励，当宝宝能够在大家专心倾听下，顺利地表达自己的想法时，就可以养成良好的表达习惯。

健康叮咛

宝宝不善于表达，少言寡语，表面上看似是性格原因，追根究底还是心理存有一定的恐惧。包括对陌生环境的不适应，对陌生人存有敬畏之心等。对此，作为父母，我们要善于引导，积极倾听，营造良好的语言环境和交流氛围，帮助宝宝越过这个坎。

四、一提医生，宝宝就急于离开——以往经历留下的“阴影”

宝宝生病后必须到医院看医生，但大多数宝宝害怕医生，不肯配合，这也是令许多家长犯愁的一个问题。

新爸新妈的烦恼

问题：宝宝为什么常常害怕看医生？

关女士的宝宝3岁零2个月，很乖很可爱，性格属于比较活泼的那种。在家爱与父母玩闹，出门也很喜欢跟人打招呼，但是一提到医生就像变了个人似的。一次，她生病，妈妈带她去看医生，从医生一碰她，就开始哭闹，手推脚踢的。连常规的儿保都没法做，最终不得不暂时停止下来。

宝宝心理大窥视

宝宝怕医生，很多妈妈都曾有过反映，说自己的宝宝生病不愿意看医生。一见到医生就吓得退缩，哭闹，这主要是出于两个原因，一方面是宝宝对陌生人的恐惧感，（并不仅仅限于医生）其他陌生人接近也会有同样的反应；另一方面是出于曾经有过不愉快的经历，有些宝宝第一次并不会对医生有什么戒心，而是在看过病之后容易对医生有恐惧之心。从而导致一看到穿白大褂的就想到在小屁股上扎针的疼，这往往都是不愉快的经历造成的恐惧。

以前医院给宝宝留下了痛苦的回忆，再次经历必然会有心理阴影，情绪恐惧，再加上打针本身的疼痛带来的不适，势必会令宝宝有些反抗情绪。对此，父母首先要理解，同时给予一定的心理安慰。否则，宝宝会由于不舒服而联想到医生，更加拒绝。

由此可见，宝宝怕看医生，实际上是对打针、吃药的一种逃避心理。

给新爸新妈的建议

宝宝害怕医生往往是因为以往的不愉快经历造成的。父母平时要注意对宝宝进行与生病、看医生有关的正面教育，以便让他们多了解医生、多了解打针吃药的常识，并最终从心理上减轻宝宝对医生、医院的恐惧。

父母可以从以下三个方面去做：

1. 给宝宝树立医生的正面形象

3 岁的宝宝徐徐因打针疼痛从而对“白大褂”医生产生了恐惧，一见到白大褂就条件反射性地哭起来。妈妈为了帮宝宝克服这种恐惧之心，平时经常与宝宝玩看医生的游戏，妈妈穿上白大褂，给宝宝用听诊器，看喉咙，量体温，打针等。宝宝看惯了，自己还模仿妈妈的样子给其他人看病，遇到医生也就没有那么多恐惧之心了。

3～6 岁正是宝宝模仿学习的最佳时期，但是在模仿对象上有很大的盲目性，既会模仿正面形象的言行，也会模仿反面形象的言行。因此，家长为减少宝宝对医生的恐惧感，可以多讲一些有关医生正面的故事。比如，某个医生表现勇敢，或讲个令人敬佩的人物的故事，使宝宝的思想感情和注意力沉浸在故事情节中，从而对医生的形象产生学习和模仿的愿望，并在心理上降低或消除宝宝对医生的错误认识。

同时在进行一些行为习惯、意志品质方面的教育时，让宝宝的模仿行为转变为宝宝自我表现的行为。在这种情况下，许多宝宝就可以接受医生的治疗，也可以忍受吃药的痛苦了。

2. 转移宝宝对疼痛的注意力

在一次社区里举办的关爱宝宝健康活动上，护士给宝宝们放影片：讲述的是小兔子勇敢看医生、打针不哭的故事。当时一只名叫灰灰的小兔子去看医生，要打针，它很勇敢，一点也不害怕，让医生看病、打针、喂药，许多小朋友看了这部影片以后，看医生、打针、吃药，都不哭了。

让宝宝看其他看病不哭、不躲的小朋友，对宝宝有很大的安慰作用。利用宝宝思想幼稚的特点，父母也可以使他们的注意力集中到其他方面。可以提出看医生，然后看书、玩娃娃等，这样宝宝的注意力就集中到选择书或玩具上了，看医生也就不是问题了。

3. 消除宝宝的紧张情绪

张女士在带茹茹看病时，总提醒宝宝给医生问好，打招呼（通常来讲这时医生也会先和宝宝说会儿话）待有点熟以后再开始看病，这样有助于消除宝宝的紧张情绪。看病时，要带笑脸，最好和宝宝说话（他不明白也没有关系），拍拍他。可假装让大夫也给父母看病，内容和看他一样，让他想：“妈妈也这样做，没有关系，不用害怕！”

看病不必兴师动众，全家人前呼后拥，这样会给宝宝造成心理压力，以为看医生是了不得的大事。其实，生了病怕看医生才是最可怕的。如果对宝宝强制性打针、吃药，那么更会给宝宝造成极大的伤害，加深他们对医生的恐惧感。

以下是几种减轻宝宝压力的方法：

减轻宝宝压力的方法

平时演练	父母“榜样”的作用是非常大的，为减轻宝宝对医生的恐惧，平时可以和宝宝多玩“打针”的游戏。目的是让宝宝体会到即使打针有点疼，但是只要坚强勇敢也没有什么大不了的。
拒绝吓唬	有的父母在宝宝淘气或不听话时，就用看医生、打针等来吓唬他们，这是不可取的。久而久之，宝宝无形中就会对医生产生排斥，一旦真到了生病打针时就会大哭不止。
积极鼓励	要给宝宝正面的暗示，积极的鼓励，从而使宝宝受到一个良性的刺激。看完病后也要给宝宝一个深情的拥抱，并夸奖宝宝，比如，“太棒了，你真是一个小英雄，又一次战胜了病魔！”
做出承诺	在去医院之前，向宝宝做出承诺，如果他不哭闹就奖励他喜欢的一种食物、一个玩具或小礼物，或者是满足他想做的事情。食物和玩具可以专门放在一个小盒子里，随身携带。

4. 用激将法使宝宝克服恐惧心理

李铭今年4岁，性格倔强，一直以来对医生没有好感，不愿意去医院，而且越劝反抗情绪越大。后来，妈妈就想了一个办法，每当生病时都会对他说："医生有两种方法，对听话的宝宝，打针吃药就不痛苦；对不听话不愿意看医生的宝宝，打针就会疼，吃药就会苦；不疼的针、不苦的药是给勇敢的宝宝的。"

有些宝宝性格比较倔强，在劝解无效的情况下，就有必须使用激将法。因为，这样的宝宝通常都具有强烈的好胜心理，一般都会配合治疗的。

健康叮咛

大多数宝宝对医生都有恐惧，这是"医生"扮演的特殊角色在宝宝的成长过程中留下的不良印象所致。作为父母，我们要正确引导，让宝宝真正地去认识医生，知道医生对自己成长的好处。只要把这些讲清楚，他们对医生的恐惧就会大大减轻。

五、宝宝害怕电闪雷鸣——教宝宝正确认识自然现象

电闪、雷鸣是一种自然现象，常常会对宝宝心理造成阴影。父母一方面要有保护措施；另一方面要做好疏导工作，引导宝宝正确认识它们。

新爸新妈的烦恼

问题： 宝宝为什么害怕雷电？

崽崽今年已经3岁了，可仍对电闪、雷鸣等自然现象感到害怕，每次都吓得全身颤抖。尤其是夜晚，雷电一响，他就会从自己的房间跑到父母的房间里躲起来，有时还紧紧抱住妈妈不放。

其他同龄宝宝尽管有时也有这种情况，但是没有如此严重。父母不明白宝宝为什么如此胆小。

上述例子中，3岁的崽崽对雷电的恐惧在这个年龄段的宝宝中是一种普遍现象。之所以这样，是因为电闪雷鸣常常来势凶猛，突发异常。除此之外，还与对相关知识的错误认识，以及父母的错误教育有关。

宝宝心理大窥视

宝宝对自然现象的恐惧心理，主要来自缺乏相关知识的普及。尤其是智力发育相对缓慢的宝宝们，他们对雷电完全没有一个清晰的认识，

当看到这种现象时只是本能地作出反应：哭或者叫喊，如果父母后续引导做得不好，甚至有可能在宝宝心中留下永久性的阴影。

父母需要给宝宝讲解相关的知识，让宝宝明白雷电产生的原因、原理，以及如何防止害怕等基本常识。

除此之外，还有一些主观因素也是造成宝宝害怕雷电的主要原因。比如，为保护宝宝，有的父母刻意回避谈论有关雷电的事情；或者干脆利用宝宝害怕雷电的心理去做反面教育。这些不但无法减轻宝宝对雷电的恐惧，反而会适得其反，加深误解。

给新爸新妈的建议

综上所述，宝宝对电闪雷鸣的恐惧主要来源于两个方面：一是对雷电形成原理缺乏正确的认识；二是有的父母经常用打闪响雷来吓唬他们，从而在他们心里形成了认识障碍。父母要想减轻宝宝对雷电的恐惧，可以从以下两个方面入手：

1. 引导宝宝观察雷电的现象

5 岁的宁宁是一个小天文爱好者，不但知道很多天文小知识，还有观察的兴趣。这都与爸爸的教育有关，在宁宁不满 1 岁时，每当被突如其来的电闪雷鸣吓到，爸爸都要耐心安慰宁宁，并告诉他为什么会这样。有时候，爸爸会在他看窗外的天空时，给他讲乌云密布、电闪雷鸣的原理。

后来，爸爸还为小宁宁买了望远镜，让他观察天空的奇妙现象。久而久之，宝宝逐渐喜欢上观察、思考这些自然现象。久而久之，小宁宁听到电闪雷鸣就不再哭了。

要解决宝宝怕闪电雷鸣的心理，逃避不能解决问题，最根本的还是教他们敢于直接去面对，也更能正确认识这种自然现象。正如例子中这位爸爸，不但没有要宝宝回避，反而在下雨时有意识让他观察天空的电闪或雷鸣，让宝宝通过自己的听、看做出判断，这样不仅可以减少其心理上的恐惧，还能增加其对电闪雷鸣的感受。从长远来讲，还有利于宝宝对大自然的兴趣的培养，为探索自然界的奥妙奠定良好的基础。

2. 以童话故事的形式普及雷电知识

4 岁的婷婷不知道什么时候患了雷电恐惧症，只要有刮风下雨、打雷下雨，她都会显得惊慌失措，严重者甚至吃不下饭，睡不好觉。

为此，爸爸妈妈也是为难至极，想了很多办法也无效。无奈之下，每次只能讲故事分散她的恐惧之心。一次，妈妈灵机一动："何不利用这个机会给宝宝讲些有关雷电的故事，说不定能有所启发。"于是，妈妈开始搜集各种雷电故事，并讲给婷婷听。慢慢地，小婷婷对这些故事开始感兴趣，并会提出一些很有启发性的问题。每次妈妈都耐心回答，并结合现实中的这些现象作分析。

一段时间后，小婷婷进一步学会了有意识地去对照、去比较，将现实中的电闪雷鸣、刮风下雨想象成童话故事中的风婆婆、雷公公。此后，每当刮风下雨时，小婷婷再也没有那么害怕了，反而会心生美好，认真地看，细细地琢磨，似乎有一种期待。

宝宝的接受能力很强，尤其是他们喜欢的童话故事，更容易被宝宝接受。父母如果能把枯燥无味的电闪雷鸣知识编成通俗易懂的童话故事，宝宝接受起来就会很容易。这种方式不仅会使宝宝在短时间内消除惧怕心理，还能让他们懂得电闪雷鸣的相关知识，同时，也可以培养其对大自然的兴趣，为他们探索自然界的奥妙奠定良好的基础。

2. 禁止利用宝宝害怕电闪雷鸣的心理进行恐吓

君君是一个调皮捣蛋的宝宝，尤其是爱往外跑，爸爸妈妈用什么方法都很难将他留在家中。能留他的只有雷电，因为他害怕雷电，只要是下雨天，只要听到轰轰的声音，看到划破天空的那道亮光，君君吓得就缩在屋里，不敢出门。

爸爸妈妈终于看到他的软肋，每当君君挣脱着出门时，两人几乎异口同声地呵斥："你出去吧，雷电马上就来了。""你听，轰轰的雷声已经到家门口了……"

夫妻俩经常说诸如此类的话，果真，这些话还真灵，君君果然老实了很多。同时，一个更大的难题开始困扰着夫妻俩，即君君越来越害怕雷电了，有时竟被类似的噩梦吓醒。

宝宝对雷电的恐惧很多时候来自客观环境的影响，但很多时候是周围人主观意志的影响。就像例子中的君君，他对雷电的恐惧更多的来自父母的刻意恐吓。父母应尽量避免在宝宝面前讲述与雷雨和闪电有关的恐怖故事和事件，尤其是当宝宝不听话时，不要用电闪雷鸣来吓唬宝宝，否则，会增加他们对这种现象的恐惧感。

父母一定要注意教育方式，不要随便编造一些神话或传说来吓唬宝宝，这样不仅起不到任何作用，反而会在宝宝心中形成错误的概念。

健康叮咛

解决宝宝对雷电的恐惧心理，其实，最重要的是做好“疏通”工作，让宝宝多看、多听，多了解与其相关的知识，让宝宝明白产生电闪雷鸣这种自然现象的原理。只要宝宝自心理上认可了这种现象即可消除惧怕感。

六、害怕小动物——增加宝宝对小动物的见闻

恐惧、害怕，从心理学的角度来讲是有意识摆脱、逃避某种情景而又无能为力的情绪体验。宝宝对小动物的恐惧源于对其了解得少、知道得少。

新爸新妈的烦恼

问题： 宝宝为什么害怕毛茸茸的小动物？

冰冰是个天性好动的宝宝，今年4岁了，非常喜欢小动物，她喜欢的是家里的长毛绒玩具猫和狗。其实，她从未碰过真的小狗、小猫。一天邻居的阿姨带来了一只小狗，冰冰见到后有些兴奋，禁不住去抱着玩。没想到，小狗无意中“亲”了一下她的脸，这下可把冰冰吓了一跳，“哇”的一声哭了起来。

从此以后，冰冰对所有的小动物都产生了恐惧之心，猫、虫子甚至动物园的其他动物等。一次，冰冰跟随妈妈逛街，看到一只小黄猫蜷着身在太阳下鼾睡，当冰冰从身边路过时，小黄猫忽地跃起身，吓得她直往妈妈背后躲。

很多宝宝见到猫或狗，不是哭叫就是躲得远远的，之所以或是怕猫，或是怕狗，是因为宝宝不了解这类动物。正如冰冰本很喜欢小猫、小狗等小动物，但无奈那都是玩具，当见到真的动物时她就开始害怕起来。

3～4岁的宝宝喜欢某种小动物时，他们就会用手去触摸，只有通过触摸才能提升兴趣，从心底产生真正的喜爱之情。所以，父母要增加

宝宝见闻，让宝宝多接触接触大自然，对自己喜欢的东西有所了解。当真正地了解了，也就不会对小动物有恐惧之心了。

宝宝心理大窥视

宝宝对某种小动物表现出极大的恐惧，不敢看、不敢摸，有的甚至会出现发抖、休克等严重症状。那么，为什么会有如此大的恐惧呢？这与怕医生、怕雷电有很多相似之处，一是缺乏了解；另一个是父母错误的引导。只不过两者对宝宝的影响程度不同而已。

出于安全，大多数父母会告诫自己的宝宝“不要去逗别人家的小猫，会挠人的。”“看到小狗，要躲远点！”等。这种话无形中在给宝宝灌输一种错误的思想，即这种动物“很可怕”“不可接近”。间接使得宝宝对某些小动物的认识停留在“很可怕”的层面上，无法了解它们的习性，从而阻碍了宝宝对这种动物的正面认识。

害怕小动物的另一个重要的原因，就是来源于曾经有过的不愉快经历，一朝被蛇咬十年怕井绳，被某种动物伤害过，心理上就会对该动物产生恐惧之心。比如，被猫挠过，或被小狗追过，势必会在宝宝幼小的心灵中留有阴影。

给新爸新妈的建议

当宝宝只是对某种小动物表现出一般的恐惧时，也许没有什么。但是，过于严重的话，以至于一见到就非常紧张，急于逃离，那么做父母的就有必要与宝宝交流交流了，要问问宝宝为什么会如此害怕。为了让宝宝有个健康、敞亮的心理，妈妈要搞清楚宝宝为什么会害怕小动物，以及用什么方法才能改变这种心理，可以试试以下三种方法：

1. 引导宝宝对小动物进行良性接触

现在养宠物狗的人越来越多，李女士为了宝宝安全，常常会教育3岁的宝宝畅畅远离这些宠物。有时候，还指着电视上的画面，告诉宝宝：“你看，那只花狗多可怕，把小朋友都咬了。”也许宝宝并不在意妈妈的行为，但是时间长了，次数多了，宝宝害怕的情绪就会无形中增加。

目前，在电视、报纸等媒体上，常常有宝宝被小狗小猫伤害的报道，而很多父母更是以这些事件来告诫自己的宝宝：远离危险的小动物。其实，电视上播放的画面，报纸杂志上的描述等都会对宝宝形成一种不良暗示，误认为这些动物会伤人。

为了防止宝宝被外界负面信息所左右，妈妈要经常给宝宝传递有关该动物的正面信息。比如，它的生活习性，性情等。小狗能看家护院、保护主人；小猫会帮助我们赶跑偷吃宝宝蛋糕的大老鼠等，这样有利于宝宝对这些动物有个良好的印象，从而让宝宝认识到小动物友善、可爱的一面。

2. 培养宝宝对动物的感情

宝宝小的时候，很自然地躲避着家里的小狗。这个时候，妈妈总是对宝宝说："小动物很可爱，宝宝不怕啊!"当宝宝玩耍时，妈妈可以故意把小动物放在离宝宝近点的地方，或者让宝宝抱着小狗玩。接触多了，恐惧感自然也就消失了。

对于经常见到的猫、狗等小动物，父母要让宝宝多接触接触。比如，鼓励宝宝给狗狗喂食，带宝宝到动物园昆虫馆、海洋馆、宠物市场等地方游玩。宝宝由于爱心、好奇心，通常来讲都愿意尝试着去做。同时，可告诉宝宝："动物是人类的好朋友，要保护它们。"

多接触就是为了培养宝宝对动物的感情。家里也可以养些安全性较高的小动物，比如小白兔、小乌龟、小金鱼、小荷兰鼠等，平时，和宝宝一起喂养、整理卫生，逗小动物玩。小动物是很乖巧的，对于喂养它的小主人会有情感上的回应，能够促进宝宝对小动物的喜欢。

健康叮咛

父母要让宝宝认识到在哪种情况下，小动物可能会伤害自己，在哪种情况下则可以与小动物和睦相处。妈妈千万不要在宝宝没有建立起对小动物正确认识之前，过多地提出这样或那样的警告。

七、害怕自己的影子——引导宝宝了解“自己”

宝宝最初是通过别人，特别是他心目中喜欢的人物和权威人物进行自我认识的。因此，别人的评价对宝宝的成长具有很强烈的指导作用。

新爸新妈的烦恼

问题：宝宝害怕自己影子咋办？

裘女士带着2岁宝宝在林荫道上玩耍，突然，宝宝看着晃动的影子莫名地害怕起来，惊恐地说“妈妈，怕，怕”，并“嗖”地钻进了妈妈怀中。裘女士耐心解释，告诉宝宝这是自己的影子，不要害怕。可无论怎么解释，宝宝的恐惧之心都没有消除，一直不肯下地走路，总是要妈妈抱着。

这两天，宝宝一直对自己的影子有畏惧心理，无论是在家里还是出门，一看到自己的影子就要妈妈抱着，裘女士也是毫无办法。

宝宝心理大窥视

上述例子中这个宝宝，对影子的恐惧之心可能是源于外部的刺激，比如，阳光的反射，树的影子等，正是因为阳光、树木等将影子拉得过长，使原本正常的影子变了形，才使得宝宝的心理产生了莫名的恐慌。

如果我们再深层次地分析一下，真正的原因是宝宝对影子本身的不了解，如果有所了解的话，影子无论长短都是自己的影子，并不会大惊小怪。所以，父母最好能坐下来与宝宝心平气和的交流交流，搞清楚宝宝有这种心理的原因是什么，并加以疏导和调节，如此一来，宝宝就会很快战胜这种内心的恐惧。

另一方面，也与小宝宝对自己缺乏了解有关，由于对自己不了解而产生的困惑，不仅仅害怕自己的影子，在小宝宝身上还有很多其他体现，比如，有些宝宝会与自己的影子捉迷藏，有的宝宝经常把自己的手放在眼前凝视，有的宝宝在啼哭时会把手指伸到嘴里，不断地吸吮。这些现象都表明，宝宝并没把手、影子当作是自己身体的一部分，而是当作一种玩具，或者是发泄情绪的工具。

给新爸新妈的建议

6 岁前宝宝的各项生理机能都尚未完全发育成熟，自我意识也有所欠缺，害怕自己的影子正是自我意识尚未完全形成的表现。所以，父母发现宝宝害怕自己的影子，千万不要责备和怪罪，而是要引导宝宝去正确地认识自我，认识这种现象。只有让宝宝对自我有了一定的了解，增强自我意识，才能从根本上祛除对影子的恐惧之心。

1. 向宝宝解释影子的产生原因，引导宝宝了解自己

一天晚上，邱女士一家人坐在客厅看电视，3 岁的宝宝小亭坐在茶几上玩串珠，忽然串珠掉在地上，宝宝伸手去捡。这时，他看到因天花板上的灯光投射下来而产生的影子。他晃了晃小手，影子也动了动，便对这个紧随其身的东西产生了恐惧，扑进了妈妈的怀中。

等一会儿见没有什么动静便探出脑袋去地板上搜寻，如此反复。这时，爸爸感到宝宝是对影子产生了好奇，于是便对影子产生的原因解释了一遍："你看，每个人都有自己的影子，它是你的好伙伴，会始终陪着你。"

宝宝似懂非懂地点点头，便饶有兴趣地与影子玩起了捉迷藏。

很多时候宝宝对影子的恐惧只是出于好奇，他一方面害怕；另一方面又想看个究竟。所以，这时就需要父母向宝宝解释什么是影子，影子产生的原因，并引导宝宝去了解自己。

就像例子中的这位爸爸，向宝宝解释："这是影子，每个人都有影子，你看妈妈也有，爸爸也有。"也许宝宝不能完全听懂，但是这能大

大满足宝宝的好奇心，这样的话就能打消宝宝对影子的恐惧。

2. 让宝宝把心中的恐惧宣泄出来

4 岁的维维拿着水杯去接水，走到客厅时发现了多个影子紧跟着自己，怎么挣脱都不行，他越往后退影子越紧跟着，便哇的一声号啕大哭起来。妈妈抱起他，无论怎么解释，维维整个晚上再也不肯下地。

妈妈想了想干脆说："宝宝，你看这个影子真讨厌，咱们来踩它好不好！告诉它咱们不喜欢它。"说着就先踩了踩自己的影子。

维维见妈妈踩得欢，便也经不住热闹，下了地和妈妈一起踩起了影子。慢慢地，他的恐惧就在互相的笑闹中逐渐消退。

有时，宝宝对影子的恐惧并不是安慰和解释就能完全解决的。如果安慰和解释无济于事，我们不妨干脆让宝宝去正视它，直接去面对。总之，要让宝宝明白，自己比影子强，自己能战胜面前的影子。每个宝宝都有强烈的取胜心，只要帮助宝宝战胜了眼前的恐惧，他们便会自信起来。

健康叮咛

宝宝害怕自己的影子，某种程度上是对自己不了解，因为不了解就会产生困惑。因为不理解就会产生一定的恐惧心理，这是正常的心理反应。父母可以与宝宝沟通，多引导宝宝观察熟悉人的影子，让他明白每个人都有自己的影子。

八、害怕去幼儿园——“不熟悉”而带来的莫名恐惧

莫名的恐慌是3～6岁宝宝心理的真实写照，由于这一阶段正是想象力最丰富的年龄。陌生的环境，陌生的声音，都会令他们感到不安。

新爸新妈的烦恼

问题：宝宝对幼儿园心存恐惧怎么办？

宝宝西西刚满3岁，父母决定送他去幼儿园小班。刚去的时候玩得挺开心的，但是妈妈准备离开时，他死死地拽着妈妈的衣角不肯撒手，开始哭闹起来。无论是妈妈还是老师，怎么劝都不行，最后只好带他回家。

回家以后，妈妈一直给西西做思想工作，可第二天、第三天仍是如此。这下，妈妈真的一点办法都没有了。

宝宝心理大窥视

例子中的西西产生害怕的原因是新环境带来的焦虑心理，再加上他自身的社交能力弱，自立性差，对幼儿园的新环境就更加恐惧。因此，当妈妈在场时能自由玩耍，当妈妈准备离开时就开始哭闹。这时父母就要想办法让宝宝去适应新环境，比如通过角色扮演游戏的方式，或者用一种不强调对错的方式。如果宝宝比较听话的话，你还可以给宝宝讲道理。比如，心平气和地说：“爸爸妈妈工作很忙不能照顾你，宝宝大了就必须上幼儿园。”

很多宝宝在第一次到幼儿园时，面对新的环境，新的老师、同学都会产生莫名的恐惧。这是因为这个年龄段的宝宝想象力非常丰富，会对不熟悉环境感到很担心。在成人看来也许这并不算什么，但是对于一个从未离开过父母的宝宝来讲却是非常严峻的考验。在新的环境中，每个宝宝都有恐惧感，随着对自己和自己所处环境的安全感逐渐增强，这种恐惧感也会随之消失。

给新爸新妈的建议

美国北卡罗来纳大学的行为儿科医生威廉·科尔曼说："如果你忽视宝宝的恐惧感，那他的恐惧就无法消除了。"为了让宝宝尽快地消除陌生环境带来的恐惧，在宝宝刚入幼儿园时，父母应引导宝宝去适应新环境，让他感到非常放心和安慰。那么，如何来帮助宝宝适应新的幼儿园环境呢？父母需要做好以下四个方面的工作：

1. 帮助宝宝提前适应

王女士家的宝宝言言今年 4 岁了，已经到了上幼儿园的年龄。在离幼儿园开学还有一星期左右时，王女士每天下午都带宝宝去幼儿园转转，没开门就在外面看看，开门了就到里面玩玩。目的是让宝宝熟悉一下周围的环境。几天下来，幼儿园的每个角落言言都熟悉了，所以，她第一天上幼儿园不哭闹，甚至还跑去安慰那些哭得稀里哗啦的宝宝。

言言是一个听话、懂事的宝宝，在幼儿园不但自己不哭不闹，还懂得去规劝同伴。但这与妈妈的前期准备工作是分不开的。正是妈妈提前让她适应了这一环境，才使得她没有任何陌生感。其实，面对新的环境，宝宝的恐惧更多的是一种不适应，作为妈妈要深知宝宝的这一心理，努力帮助宝宝去适应新的环境。

2. 给宝宝讲幼儿园的好处

4 岁的宝宝鹏鹏不愿意去幼儿园，妈妈并没责怪宝宝，而是带他出去玩，在宝宝玩得高兴时，给他讲了很多幼儿园的好处，比如，可以认识很多小朋友啊，可以玩连妈妈都不会玩的游戏等。这样一说，宝宝的恐惧感就渐渐消失了。

宝宝不想去幼儿园很多时候没有任何理由，没有任何征兆。其实连他们自己也不知道为什么，也就是说，宝宝的这种感觉并不是因为受到某种惊吓而造成的心理阴影。就像例子中的宝宝鹏鹏，他害怕去幼儿园的原因很有可能就是不愿意离开妈妈，当妈妈告诉宝宝去幼儿园有很多好处时，宝宝就急着要去。所以，我们做父母的并非要宝宝说出为什么，只要顺应了宝宝的心思，激发了宝宝对幼儿园的兴趣，就会转变宝宝的态度。

3. 利用宝宝喜欢的东西

每次去幼儿园之前，笑笑非要带着自己喜欢的玩具，妈妈不让带，她还连哭带嚎地不愿意上学。

熟悉的东西能给宝宝安全感，尤其是在过渡时期，宝宝刚刚离开妈妈，情感是比较脆弱的，如果在把宝宝送幼儿园时，能随同携带着自己喜欢的玩具，那是一个极大的安慰。有些宝宝会从自己喜欢的玩具中获得安慰，这些“喜欢的东西”还可以让一些宝宝更有勇气去做那些可能会让他们觉得可怕的事。所以，父母要允许宝宝带着他喜欢的玩具，或者其他东西。

4. 迟送早接

4岁的依依在去了几天幼儿园之后，就开始推托不去！为此妈妈就想了一个很绝妙的方法：迟送早接。每天晚半个小时送去，开始还不适应，后来，也就慢慢习惯了。一段时间后，依依也不再哭闹了。

我们经常会看到这样一个现象，距上课还有1个多小时，幼儿园门前就被送宝宝的家长围的水泄不通。很多父母认为这样做是为宝宝好，其实不然，早送反而会增加宝宝对父母的依赖情绪。其实父母可以换一种思维，在不耽误上课的前提下，晚一点送宝宝，这样做的目的就是让他发现，其他小朋友的身边都没有爸爸妈妈，他们都很听话，要向他们学习！早半个小时接回的目的是让他感到，自己比其他宝宝更早看到妈妈，会很开心！几天下来，宝宝就会适应幼儿园生活了！

5. 多与园里老师交流

郑钧夫妇两个平时都很忙，家里没有人照顾宝宝，不得不将刚满3岁的宝宝晨晨送往幼儿园。在整个班级所有的宝宝中算是比较小的了，郑钧夫妻俩并不完全放心，为此他们专门找了老师进行交流。在后来的生活中，老师对小晨晨也多了一分关照。

多与老师交流，告诉老师宝宝的一些生活习惯和脾气习性。这样，老师就能够对症下药地去关心、安抚。只要宝宝熟悉了老师的这种关心，就会觉得老师像妈妈一样爱自己，慢慢地就减少了对幼儿园的陌生感和恐惧感。

健康叮咛

宝宝对幼儿园的恐惧实际上是对陌生环境、陌生人的恐惧，身处自己不熟悉的环境，面对一群自己不熟悉的人，每个宝宝都会感到恐慌和不安。换个角度想，我们只要能让宝宝尽快熟悉环境，熟悉身边的人，这种恐惧和不安就会消失。